中国科学院优秀科普图书
"十佳皖版图书"入围图书

DAD & DAUGHTER
CHATTING ON BUSINESS RUNNING

与女儿谈管理

赵 征 —— 著

内容简介

本书是由在大学里当老师的爸爸与上初中的女儿,围绕着日常生活,通过父女间对话式的交流,提高孩子管理思维能力的系列文章组成的。

每篇文章分别从孩子的视角提出家庭教育、教育学习、社会认识等方面的问题,通过成人的"管理思维"方式,引导孩子对这些问题进行延伸、分析,最终"寻找"到合理的解决办法,目的是让孩子学会"自我管理"。

图书在版编目(CIP)数据

与女儿谈管理/赵征著. —合肥:中国科学技术大学出版社,2016.2(2019.6重印)
ISBN 978-7-312-03928-7

Ⅰ. 与… Ⅱ. 赵… Ⅲ. 女性—自我管理—青少年读物 Ⅳ. C912.1-49

中国版本图书馆CIP数据核字(2016)第039449号

出版	中国科学技术大学出版社 安徽省合肥市金寨路96号,230026 http://press.ustc.edu.cn https://zgkxjsdxcbs.tmall.com
印刷	安徽国文彩印有限公司
发行	中国科学技术大学出版社
经销	全国新华书店
开本	710 mm×1000 mm 1/16
印张	18.75
字数	165千
版次	2016年2月第1版
印次	2019年6月第3次印刷
定价	42.00元

序

  我是在微信群里看到赵征的《与女儿谈管理》的。自退休后,我下决心不再从事这干了一辈子的行当——经济管理专业了,也不再阅读任何经济管理类图书,干点自己喜欢而又遗憾没有机会干的事情——书法。

  一日偶见微信群里我的好友赵征发的短文《与女儿谈管理》,不禁好奇读了起来,一读不要紧,还想读下一篇。赵征每天一篇,内容精选,文字活泼,奇思妙想,娓娓道来。花几分钟时间,理解一个管理学道理,收获颇丰。

  读后,我最先想到的是三十多年前曾经读过的一本小册子,香港著名经济学家张五常先生的《卖橘者言》。那时我刚大学毕业,留校任教,讲授经济学原理。此课内容抽象,不易理解,加上我缺乏教学经验,学生不爱听!为此我深感苦恼。

一日逛书店买了一本张五常先生的《卖橘者言》,回来后一口气读完,数小时竟不觉累!虽说是经济学著作,竟如同读小说、看故事,在轻松愉快中学懂了经济学理论,实在妙不可言!就像这样讲经济学,我茅塞顿开!以后多年来我一直如此要求自己:尽可能像讲故事一样去讲课,并使之成为一种讲课风格。

《与女儿谈管理》和《卖橘者言》何其相似乃尔!赵征能从打牌联想到"目标排序",从女儿的值日打扫卫生引申出"程序设计",而且还要"不断优化",实在令人拍案叫绝!真是管理无处不在,理论就在身边!

《与女儿谈管理》《卖橘者言》都是普及类读物。这类东西写起来并不轻松,需要深入浅出,你只有在深入以后才可能浅出,没有深厚的理论研究和娴熟的运用能力是无法深入浅出的。而且更重要的还在于要有人文层面的较高修养和境界!我读了《卖橘者言》以后也曾想过写点类似作品,最终没有动笔。或许是因为太忙没时间;或许是因为它不能富丽堂皇地放在书架上装点门面;或许是因为它不能为评聘职称提供依据……想想《卖橘者言》和《与女儿谈管理》，我感到惭愧。张五常先生是知名经济学家，因其在产权经济学领域的成果贡献曾被提名诺贝尔经济学奖候选人，这样的大家都肯花时间写通俗经济学小品令人钦佩！今天经济管理类的通俗普及类的作品太少了，正因如此，我更为赵征的《与女儿谈管理》叫好！

　　《与女儿谈管理》在微信上阅读者众，点赞者多，我想可能还有一个原因就是，这个作品是与上初中的女儿以谈话方式呈现的，这就使作品增加了一层含义：如何教育子女？我和赵征都有在企业实践活动的经历，深知今天第一线的管理者事务之忙，压力之大，也经常听到没时间教育孩子的感叹和无奈。读了《与女儿谈管理》之后，我感触很大。赵征正值学术上的黄金年龄段，是中国科学技术大学管理学院的中坚骨干，平时科研教学任务繁重，还兼有一定的管理工作，又时常在媒体上从管理视角评论一些社会经济现象，不可谓不忙。但是，在《与女儿谈管理》作品中我们看到的是与女儿就餐、购物、骑车、爬山，以及顺道接送上学放学，还有一年一次的旅游。就是这些再平常不过的生活细节，赵征充分利用起来了，用作教育孩子的途径。我想他之所以能够做到如此，用两个字概括：用心！他真的用心了，他与女儿的谈话方式，像是父女在交心，像是师生在交流，更像是朋友在聊天。这种谈话给女儿的不仅仅是管理知识，更是思维能力和思维习惯。我想即使他女儿以后不做管理，也会受益终身！

最后还要感谢我们这个伟大的时代，有了手机和微信，让我们能够如此便捷地阅读赵征当天创作的作品，而且还可以随手交流，这在以前是不可想象的。

我们期待赵征有更多更好的普及类作品问世！

李洪峰

2015 年 12 月 10 日

李洪峰，中国科学技术大学管理学院教授，曾任荣事达集团副总裁，现担任皖通科技、安凯客车和华帝股份等上市公司独立董事。

前言

年初的一次朋友聚会上,孩子的话题再次被提起,其实这早已是我们聚会的永恒话题之一了。

一个朋友问起我的女儿多大了,我说上初中了。他突然说了一句让我伤感了许久的话:"你要珍惜啊,女儿在你身边,与你共同生活的日子,很可能已经开始倒计时了。"是啊,再过个几年,女儿就要离开我们,去上大学,去开始她新的人生了。

我被朋友的话彻底震撼了,突然有了一种想把女儿这些年的成长,好好回忆、记录下来的想法。一是想给自己留个纪念,更希望等女儿大了,甚至我们当父母的已经离去了,女儿再回头来看的时候,我的这些文字,能够唤醒她内心深处的记忆。

写作伊始,打算按照以往的经验,先写下目录,再开始写作。

回忆了和女儿曾经的对话,然后把打算谈的管理点列出来,写完了目录。看着目录,觉得十分陌生,这不是我想要的东西,按照这样的目录写下去,就成了写教材了。

我撕碎了写好的目录,决定来一次彻头彻尾的改变。不再考虑要说什么,要表达什么。只想把很多的东西,原汁原味地回忆下来,记录下来。

我开始动笔,每天写一篇。于是,每一个场景:值日、餐厅吃饭、订披萨、逛超市……每一个涉及的管理点:流程、产品结构、标准化……都这样以对话的方式被记录着。

每一篇文章写完后随即发布在我的微信公众号上。没想到短短几篇,就得到了大量朋友的响应。一传十,十传百,每天公众号的关注人数都新增近百人。很多的关注者都把当天连载的文章转发到自己的朋友圈。很多读者在我的文章后面留言鼓励。

这一切都让我倍感压力。如果说选择跑步、参加马拉松和戈壁挑战赛是我人生的第一次改变,那下决心连载这些文章,一定是我的又一次人生改变。首先被改变的就是作息时间,因为白天的工作安排已经非常紧凑,所以只能利用早上的时间。原本送女儿是6:10起床,现在改成了5:00,把这一个多小时的时间用来成文,而构思只能利用白天的边角时间,插空想想主题和内容。而每天早上一醒来,就像欠了债,赶紧起床完成这个任务,而完成了今天的,明天的压力又来了。这些天的连载下来,感觉我就像是在跑一场没有终点的马拉松。

随着写作的延续,我重新定义了家长与孩子(也许可以包括老师和学生)的关系。

家长首先要陪伴着孩子去经历,让他们把自己和经历联系起来,教他们怎么去评价和利用自己的经历,培养孩子们的"经验意识"。

具有了经验意识之后,还要带着孩子们找到这些经验的价值,很多时候,我们在做一件事的过程中,往往只顾着事情本身,没有去关注做这件事的价值,所以需要在事后进行思考。无论是家长还是老师,不是让孩子去思考什么大事,而是深入地思考所有的事。

在了解了我们所做过事情的价值之后,我们要让孩子学会去组织这些经验,因为真正的智慧绝不是在任何一条"孤立"的经验中,而是在很多相关的经验之中。孩子们只有学会去组织曾经的经验,将不同的经验关联起来,才可能真正地提升自己。

我自己也明白的另一件事，就是与其说在教女儿管理，不如说是在教她人生的道理，因为做企业和做人一样，立好了自己的目标，做好了自己的事，才有可能成功。人文精神，可能正是贯穿本书始终的灵魂。

透过书中的每一个场景和每一个对话，我们明白，管理学的思维方式可以应用于生活的每一个角落，使我们做事更有效率，更能看清问题的本质。

本书的谈话对象是上初中的女儿，所以任何的对话，不仅需要让女儿能听得懂，参与到对话中来；更要通过对话的方式，实现与女儿的交流，了解女儿每日的生活和内心的世界，提升女儿的自我管理能力，帮助女儿成长。

书中，爸爸在女儿思考和对话中的引导方式，让女儿逐渐意识到其自己不仅是被教育的主体，更是教育的主体，因为任何教育的最终目的，都应该是"自己教育自己、自己管理自己、自己发展自己"。

让我坚持不懈的，当然首先是读者们的支持和鼓励，一次次的转发，一次次的留言，一个个新朋友，虽从未谋面，却在留言中不断鼓励。这些文章能够坚持写完，我首先要感谢他们。

我还要感谢本书的编辑团队。中国科学技术大学出版社的编辑和安徽建筑大学艺术学院的杨恩慧老师，他们从插图人物设计、提前推出封面、绘制插图、设计版式、设计笔记本和书签、策划及实施众筹等多个方面,打破常规、尝试创新,付出了大量时间和心血,除了为书籍本身增色良多之外,更让我感受到了团队协作的力量。要声明的是,若本书有什么缺点错误之处,都应是我的责任,请有识之士不吝指教。

  写着写着,我突然发现,这些年来,看起来是孩子在长大,其实我们自己也在成长;看上去是我们教育了孩子,其实这段历程更教育了我们自己。因此我告诉自己,要写下去,不仅为了孩子,不仅为了朋友,更因为这些文字,让我有机会能够重新审视自己的成长。

  希望,这些文字,能让我永远感觉到女儿的陪伴。

  更希望,无论女儿到了什么年龄,去了任何地方,这些文字,都能让她永远感觉到,我就在她身旁。

  如果本书也能给您和孩子带来些许帮助,那就是我最开心的事了。

赵　征

2016年1月20日

目录

序　i

前言　v

壹·目标的排序　001

贰·值日的流程　008

叁·认识流程　016

肆·流程的优化　022

伍·能更早回家了　030

陆·人气餐厅的预约　038

柒·晚餐吃披萨　047

捌·超市购物　055

玖·平均分的烦恼　064

拾·变速器的道理　071

拾壹·爷爷家的老冰箱　079

拾贰·想买新手机　086

拾叁·爬山的节奏　095

拾肆·新开的洗车房　103

拾伍·家教的任务　110

拾陆·拼图游戏　118

拾柒·创新的起点　126

拾捌·成长的路径　135

拾玖·便利店的生意经　145

贰拾·倒闭的蛋糕店　154

贰拾壹·成功的秘诀　164

贰拾贰·消息的好坏　174

贰拾叁·参赛的PPT　183

贰拾肆·桃树的成长　191

贰拾伍·"图书角"的激励　198

贰拾陆·评估点的设置　207

贰拾柒·谁来造车　217

贰拾捌·数据的用途　226

贰拾玖·晚会的问题　236

叁　拾·打牌的配合　244

叁拾壹·增加书籍　253

叁拾贰·班级目标　262

叁拾叁·与你谈谈我老爸　271

后　记　278

壹 · 目标的排序

因为我平时工作比较繁忙的缘故,陪女儿的时间较少,所以就许下了个诺言,每年一定要全家出去度假一次,一起待上几天。一是因为平日里陪伴较少,稍作弥补;还有就是利用这个机会与女儿多做一些交流。偶尔与几个朋友谈及此事,没料到原来他们也有类似的状况,于是索性约了一起,几家人的孩子年龄也相仿,正好一起出去还有了伴。回家问女儿的意见,她也非常愿意,就这么定了下来。正好朋友中有从事旅游工作的,既对旅游非常熟悉,又特别热心,每次都由她牵头安排目的地和路线。我则提了一个要求,就是无论去哪儿,最好就安排一个目的地城市，只住一个酒店，不要每天搬来搬去，失去了度假的意义。

2015年的春节，四家人决定去徽州过年，订好了住处，就浩浩荡荡地出发了。每天活动安排得很紧凑，晚上则是娱乐时间。安徽流行"掼蛋"游戏，于是每天四个孩子凑一桌，四个爸爸凑一桌，妈妈们则在一起闲聊。

第二天，有妈妈建议，为了增加交流，孩子和爸爸最好一起玩，一是交流更多，同时也可以提高一下孩子们的牌技。大家一致同意，于是重新组合，父女配合，捉对"厮杀"。

既然抱了帮助孩子提高牌技的目的，我便不太关注输赢，而是注意孩子的出牌。得益于我年轻时打桥牌的经历，我比较习惯于记牌，孩子的出牌我都记下来，准备玩完了好跟孩子一起总结。

"掼蛋"游戏的特点是变化较多，单张、对子、顺子、三连对、三带二、四个头（炸弹）、同花顺（炸弹）都可以出，还有一张"百搭"牌，可以代替任何牌。同样一副牌，就有了各种各样的选择。孩子们的手小，而"掼蛋"有两副牌，拿不下，她们的习惯是把炸弹捋出来，放在自己的面前，再开始用"百搭"牌配炸弹，再放在自己的面前，剩下的牌拿在手上，别人出什么就跟着出。

出牌中我发现女儿除了不太管对家的牌、配合意识不强之外，还有几个习惯，一个是能凑炸弹就一定尽量凑，另外就是无论对家出什么牌,只要能压就一定要压,即使拆牌也要压上,别人出对,自己三个头拆成对子压;别人出顺子,自己也要凑成顺子压住。这样一来,女儿最后往往剩下一手碎牌和小牌,于是当下游的时候居多。

我问她为什么这样打牌,她说:"我不压住他们,他们不就出得多了吗?不是就跑掉了吗?"

我问:"那打牌你最希望的是什么?"

"当上游呗!"她回答。

"那你把牌拆开的目的是当上游吗?"我又追问。

"不让对手当上游啊!"她又理直气壮地回答。

"可结果呢?"我继续追问。

"结果……"想到自己总是下游,女儿词穷了。

"那你说怎么办?"女儿马上反应过来,开始问我。

"自己或对家当上游是一个目标,不让对手当上游是另一个目标,这两个目标有区别吗?"我问。

"不就只有一个上游吗,不是他们当,就是我们当吗?"女儿被我问糊涂了。

我说:"看上去似乎是一致的,但还是有区别的,区别在于关注点不同,自己争取当,更多地会关注自己;不让别人当,关注点就在对手身上了。所以这两个目标选择的不同,我们打牌的方式就不

一样了。"

我进一步解释:"关注自己,首先就是通过出牌这样的信号,尽快交换牌情,发现自己这方的优势,比如'对子'比较强,那就优先出'对子'。而我发现你先出牌的时候,往往就是出最小的,这就浪费了'出牌权'这个重要的发出牌情'信号'的机会。"

"交换牌情……"女儿若有所思。

"炸弹炸对方的时机选择,一局牌的前半段,主要是阻止对方通过出牌,发出牌情'信号';后半段,才是防止他们跑掉。"我解释道,"所以,'自己当上游'与'不让对手当上游'这两个目标,级别更高的是前者,行为的选择也要依据前者。"

"哦!"女儿有点明白了。

"打牌只有两方,如果在现实中,很多时候竞争者远远超过两个。你总想关注别人,其实也关注不过来,盯着一个的话,是把他看住了,但其他的竞争者,你就忽略了。在这种情况下,'不让别人赢'就更不是好的选择了,而是要关注自己,提高自己,加速自己,才有赢的机会啊!"我开始延伸开去。

"爸爸,我觉得好的目标就是让自己更强,对不对?"女儿总结道。

"点赞!"我一伸大拇指。

管理知识

◎ 切斯特·巴纳德（Chester Irving Barnard,1886~1961）于1938年在其《经理人员的职能》一书中首次提出"目标"的概念。他认为领导的基本职能包括提供沟通体系、保证核心活动的可靠性、阐述和定义企业目标。巴纳德在该书中首次定义了"组织"的概念：有意识地协调两个或两个以上人员活动的系统。组织帮助人们实现个体无法完成的目标。

◎ 彼得·德鲁克（Peter F. Drucker,1909~2005）于1954年在其名著《管理实践》中最先提出了"目标管理"的概念，并提出"目标管理和自我控制"的主张。德鲁克认为，并不是有了工作才有目标，而是有了目标才能确定每个人的工作。所以"企业的使命和任务，必须转化为目标"。

管理小方法

◎ 目标管理的SMART原则：

Specific，代表具体的，指绩效考核要切中特定的工作

指标,不能笼统;

Measurable,代表可度量的,指绩效指标是数量化或者行为化的,验证这些绩效指标的数据或者信息是可以获得的;

Attainable,代表可实现的,指绩效指标在付出努力的情况下可以实现,避免设立过高或过低的目标;

Relevant,代表相关性,指实现此目标与其他目标的关联情况;

Time-based,代表有时限,注重完成绩效指标的特定期限。

贰·值日的流程

女儿每周在学校值日一次,每到了值日的那一天,到家的时间总是很晚。次数多了,我就很好奇,问她为什么会搞这么晚,她说因为每个组大约7个人,但每次值日都很混乱,每个人完全根据自己的兴趣找事干,有的时候这个人刚扫完地,那个人又把桌子上的灰抹到地上了,结果还得重新扫。要是拖过地了就更麻烦,地上是湿的,和成了泥更难扫。

我顿时来了兴趣,问女儿:"那你觉得该怎么设计流程呢?"

"流程?"女儿没听懂。

"流程,就是干一件事,会有很多步骤,为了把这件事做得更好,所设计的步骤的次序。"我解释道。

"那我想想。"女儿也来了兴趣。

"等等,你先告诉我设计流程的目的是什么?"我赶紧问一句。

"不是为了做得更好吗?你刚说的。"女儿回答。

"你认为什么叫'好'?"我继续追问。

"早点干完回家呗!"女儿应声答道。

"对,目的就是为了提高效率。没有目标做任何事都没有了意义。好,现在来说说怎么设计流程吧!"我把目标的重要性强调了一下。

女儿想了一会,说:"我觉得应该先擦黑板和抹桌子,然后把桌子抽屉倒干净,然后扫地,最后拖地。"

"说说理由。"我马上追问。

"因为这样就不会重复劳动了,就会省很多时间。"女儿回答。

"那具体怎么干呢?设计好了还得考虑实际操作啊!"我继续提问。

"7个人,1个人擦黑板,2个人抹桌子和倒抽屉,2个人扫地,2个人拖地。每个人擅长什么我都知道,谁干什么我都想好了,这样肯定会快多了。"女儿有点小得意。

"那擦黑板和抹桌子时,扫地和拖地的同学干什么呢?"我围绕着流程的实施继续问道。

"等着似乎有点没效率,"女儿意识到了我要问的意思,想了一会儿,说道,"可以这样,要重新安排一下。"

"哦?怎么安排?"我继续问。

"抹桌子和擦黑板的先一起擦黑板,扫地和拖地的先去把拖把和水准备好。"女儿一边思考一边说。

"这是第一步,接着说。"我说道。

"黑板擦好后,从第一排座位开始,抹桌子和倒抽屉的先出发,弄好一排后,扫地的跟上开始扫地,接着拖地的跟在后面。这样基本同时结束,最节约时间。"女儿说完了,抬头看着我,似乎等着我的表扬。

我说:"这样确实比以前好多了,包括比你刚才的分工也更有效率了。所以任何的设计一定要从实施角度考虑,才能让设计更有效,也让实施的效果更好。很不错!你总结一下今天的讨论。"

"要先有目标,然后要从实施出发来设计流程。"女儿总结得很不错,说完就要结束谈话,开始往自己房间走。

"等会儿等会儿,"我叫住她,"还能不能再提高效率了?"

"还要提高?!"女儿愣住了。

"只要思想不滑坡,办法总比困难多。"我来了一句不知在哪儿看到的口号,知道她估计得想想,转身忙我自己的事了。

果然,这次女儿似乎被难住了,足足想了一个多小时,直到妈妈喊她吃饭,也没想出什么办法。吃起饭来也不像平时有说有笑,一边扒拉着饭一边还琢磨着。吃完了饭,碗一放就要走,妈妈叫住她,"把碗里的饭粒吃干净,每次就你的碗最难洗。"

女儿听了妈妈的话,突然拉着妈妈高兴地大叫:"有了!有了!有了!"

"有什么了,吓我一跳!"妈妈被她搞得莫名其妙。

"有办法了,"女儿转向我,"我们要号召全班同学,让大家少产生垃圾、不产生垃圾,把垃圾直接扔进垃圾桶。就像我把碗吃干净了,妈妈就省了很多时间一样。垃圾少了,不仅我们组,所有组值日的效率就都可以更高了!"

听了女儿的话,顿时,一个场景出现在我面前,金庸先生在《飞狐外传》中有一处,胡斐请无嗔大师的弟子治疗苗人凤受伤的眼睛,包扎好后他们讨论了武学。胡斐边吃饭边想着刚才的讨论,不知不觉中用筷子与蒙着眼的苗人凤"以筷论剑",抢白菜吃,明悟后,跳出了自己原来武学的境界,理解了"后发制人"的武学道理。

金庸先生当时写的那句话瞬间出现在我脑海里:"这口白菜一吃,胡斐才真正踏入了第一流高手的境界。"可见跳出原有的框架

No.	战略	战术	时长	爸爸评价
C计划	无	无政府状态	80分钟	☹
B计划	管理全组		28分钟	☺
A计划	教育全班	保持清洁，人人有责	18分钟	😉

往往就是飞跃。

女儿的思路,跳出了值日问题的"组"的本身,从更广阔的系统视角,也就是"班级"的角度,找到了问题的解决办法。这一跳,打开了新的视角,也必将为女儿未来的思维方式打开一扇新的大门。

"爸爸,这个办法到底怎么样啊?"女儿急于想知道我的态度,看我半天没反应,一边说话一边摇我的手臂,把我从金庸先生的场景中拉回现实。

"这个办法啊……"我站起身,一边鼓掌一边看着女儿,认真地说,"值得我为你,起立鼓掌!"

管理知识

◎ 弗雷德里克·泰勒(Frederick Taylor,1856～1915)于1911年在其出版的《科学管理原理》一书中,提出把"管理"当成科学来加以研究,把分析的力量带到了职场,揭示了建立和界定工作流程的重要性。科学管理理论认为,成本是竞争的核心,工作流程全过程是可以预测和设计的。但忽略了工作者与机器的不同,同时也忽略了沟通的必要性。

◎《牛津字典》解释,流程是指一个或一系列、连续有规律的行动,这些行动以确定的方式发生或执行,导致特定结果的实现。国际标准化组织ISO9000对流程的定义如下:流程是一种将输入转化为输出的相互关联和相互作用的活动。

管理小方法

◎ 流程管理的原则:

(1) 树立以最终目标为中心的理念;

(2) 明确流程的客户是谁、流程的目的是什么;

（3）在突发和例外的情况下，从最终目标的角度判断；

（4）关注结果，基于每个流程的产出；

（5）使流程中的每个人具有共同目标，达成共识。

叁·认识流程

这个周末,我和女儿一边一个坐在我的书桌边看书。

突然她抬起头问我:"爸爸,你上次跟我讨论了值日打扫教室的流程。是不是每件事都有流程?"

"是啊,你有什么问题吗?"看来前几天跟女儿的讨论,引发了她对流程的兴趣。

"我觉得以前的'值日'和现在的'值日'不一样了呢!"她仰着脑袋回答。

"有什么不一样?"我问道。

"比如吧,以前我跟奶奶说值日,她就认为我要晚将近一个小时才能回家,而现在说值日,就只要20分钟了。"女儿接着说道,"再比如吧,我们组这周新来了一个同学,我们组因为流程大家都知道,说'值日'大家就知道要做什么,可新来的同学就不知道了。"

我明白了女儿的意思,说道:"'值日'其实是个概念,这个概念在你们组被重新定义了,包括了打扫教室各个活动的次序和每个人的分工。但在其他组没有变,所以当你们说起这个概念,别人的理解就跟你们不一样了。对吗?"

"对!就是这样!但别人都不知道,这不是很麻烦吗?"女儿的语气带着点怀疑。

"那你觉得,哪一种打扫教室的方法好?"我问道。

"那还用说,当然是我们的方法好啊!"女儿没有任何迟疑。

"那天我们两个的讨论结果,可以用一个词'流程优化'来描述,当我们把'值日'这个概念用'流程'来表述的时候,因为我们总是想不断地提高效率,所以'流程'就有可能经常被'优化','值日'这个概念也就会经常变化了。"我解释道。

"那不就成了看上去说的是同一个词,但其实根本不是一回事了?"女儿有点糊涂了。

"这个问题出现的原因,就是大多数流程涉及的不是一个人,而是很多人。你改变了定义,别人却不知道,就发生误会了。这种同样的词但可能有多种不同理解的情况,还有一个词,叫'歧义'。"我进一步说明道。

"歧义……"她重复了一遍,"那怎么办呢?"

"你看该怎么办?你想想办法。"我马上反问。如果我这么回答下去,女儿的收获可就要小多了。

"那看来,一旦有变化,就要及时告诉所有人。"她想了一会,说道,"那负责通知的人要烦死啦!而且这事还比较重要,只有组长才能负责!"

看来组长已经是很大的领导了,我边心里暗笑边追问:"那怎么办?"

"写下来发给大家看,这样效率就高了!"女儿想到了一个好办法。

看到女儿把"效率"挂在嘴边,我心里暗暗高兴。"说对了,这就是很多单位里《员工手册》的目的。"我边说边从书架上拿起一本某个公司的《新员工手册》,翻开给女儿看,"不过因为现在网络发达了,很多单位都把手册放在公司的内网上,既便于新来的员工学习掌握,如果有变化了,更新也比较方便。"我进一步说明。

"你看,这里不仅有文字说明,还画了流程图,每个流程的说明、负责的部门都写得很清楚。"我把书上的流程图指给女儿看。

"那每个单位的手册都一样吗?"女儿第一次见到这东西,很好奇。

"你说呢?"我直接反问。

"应该不一样!我们组的手册就肯定和其他组不一样。"女儿答道。

"你们组的手册……"我被她逗得哈哈大笑,顺手又拿了一本其他单位的手册递给她,"你自己看看吧。"

女儿拿着两本手册,很仔细地看看这一本,又看看那一本。"爸爸,我发现了,这两个单位有很多同样名字的'流程',但步骤都不一样,你看……"她指着两本手册上的"采购流程"说道。

"能看出点什么吗?"我问道。

"不知道……"女儿确实不太懂其中的内容。"不过,如果我明白这些意思的话,我就能知道哪家公司厉害。"女儿用很肯定的语气说。

"为什么?"我对女儿说出这样的话很意外。

"因为就像我们一样啊,如果我们班每个组都做一个值日流程的手册,肯定是我们组最厉害啊!"女儿的自信溢于言表。

"你说得很对!其实做事情的竞争,本质上就是流程的竞争,"我对女儿说道,"很多时候,结果虽然还未来临,但因为流程,结局早已注定!"

管理知识

◎ 流程是企业运作的基础，企业所有的业务都需要流程来驱动。就像人体的血脉，流程把相关的信息数据，根据一定的条件从一个人（部门）输送到其他人员（部门），得到相应的结果以后再返回到相关的人（或部门）。一个企业中不同的部门、不同的客户、不同的人员和不同的供应商都是靠流程来进行协同运作的，流程在流转过程可能会带着相应的数据：文档、产品、财务数据、项目、任务、人员、客户等信息进行流转，如果流转不畅一定会导致这个企业运作不畅。

◎ 流程的核心竞争力主要体现在：减少人员流失带来的影响；规范管理体系。

◎ 流程的作用：

(1) 实现个人能力向组织能力的转变；

(2) 权责明确，解放管理者；

(3) 精简非增值活动，提高工作效率；

(4) 增加回报率，提升企业效率。

肆·流程的优化

今天晚上女儿似乎比较空闲,回来之后,就一直在她房间里的白板上不停地写写画画。

女儿从小就喜欢画画,小的时候住在老房子里,经常拿笔在墙上涂涂画画,我心里想反正房子也老了,就随她画吧。等到搬家时才发现墙上很有意思,不同高度代表着不同年龄的作品,1米以下的基本是2~4岁的作品,1~1.2米的是4~5岁的作品,再往上的就基本是5~6岁的作品了。于是拍了很多的照片留作纪念。

等搬了新家,女儿大了,自然早已不会在墙上作画了。不过,我是个教书匠,有时候在家给女儿讲讲不同的知识,习惯了在黑板上写字,所以在她的房间里安放了一块5~6平方米的白板。女儿很喜欢这个白板,平常的时候是她的画板,偶尔是我的讲板。她还经常把一些要记住的概念、单词和公式什么的写在白板上,进进出出都可以看上几眼,加深印象。

她在房间里忙碌了半天,跑出来叫我,"爸爸,你来看看。"

我进了她的房间,笑着问道:"要我看什么呀?"

"你看这个。"她指着白板。

我看到白板上写了一大堆式子。

1个人擦黑板:6分钟

打水:3分钟

洗拖把:3分钟

教室中的桌子排数:7排

2个人抹一排桌子:3分钟

2个人扫一排地:3分钟

2个人拖一排地:3分钟

整理工具:2分钟

第一次流程时间:$6+3+3+3+3\times7+3\times7+3\times7+2=80$分钟

第二次流程时间:$6+2\times7+3+3+2=28$分钟

我没看明白,问道:"这是什么东西?你在干什么?"

"我先估计了值日里每个活动大约需要花费的时间,然后把值日流程经过两次变化后,所需要的实际时间算了一下。"女儿一边指着白板上不同的内容,一边跟我解释。

"哦?"我马上来了兴趣,看来女儿还在琢磨流程的事呢,"那你给爸爸具体解释解释你计算的结果。"我说道。

"这一排,列的是值日中的每个活动,我估计所需要花费的时间。"女儿指着白板左侧的一列解释道。

"这个我看明白了。"我点点头。

"这个是第一次流程的时间,当时是先擦黑板,再去接水、洗拖把,然后抹桌子,抹完后扫地,扫完后拖地,最后整理工具结束。所以把每一步的时间加起来,一共要80分钟。"女儿指着白板上的第一个长式子说明道。

"80分钟,难怪那时候你回来总是那么晚。"我插了一句。

"就是的,算了才知道要花这么多时间。这第二个式子,是计算第二次流程的时间,因为有很多同时进行的,所以时间就只要28分钟了。"女儿指着第二个式子继续说明。

"第一个6是什么?$2×7$是什么?怎么后面还加了两次3?"我指着第二个式子问。

"你看是这样的,擦黑板原来1个人要6分钟,3个人的话每人2分钟就行了,但是打水和洗拖把还是需要6分钟;抹桌子的人多了以后,抹一排就只要2分钟了,一共7排就是14分钟,后面两个组是紧跟着的,所以最后一排抹完后,加上扫地的时间3分钟,再加上拖地的时间3分钟,不对吗?"女儿显然对我问这个问题有点不解。

"对,我就是考考你,"我笑着说道,"计算得不错,确实省了不少时间,除了把流程的时间数量化了,还有什么收获啊?"我继续问。

"我还发现了可以提高效率的原因,其实这才是我计算时间的目的。"女儿有点小得意。

"哦!原来是这样,快说来听听。"我也急于想知道女儿研究出了什么东西,于是催促道。

"我觉得提高效率的原因有两个,第一是本来擦黑板的是1个人,现在是3个人,擦桌子的本来2个人,擦黑板的加入后也是3个人了,人多效率就高了。"女儿说道,"但是,擦黑板的效率没能体现出来,因为打水和洗拖把的时间没有缩短。"

"嗯,这是第一,然后呢?"我追问。

"第二是抹桌子、扫地和拖地这些流程,因为不用等着了,接得

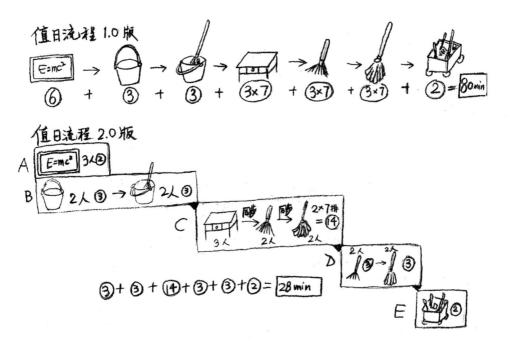

比较紧凑,所以也节约了大量时间。"女儿回答道。

"不错不错。"我夸奖道,"那还有没有继续提高效率的空间呢?"

"当然有了,我已经找到了。"女儿说道,"现在洗拖把和打水还可以减少时间,最好能减成2分钟,因为与这两件事同时进行的擦黑板只要2分钟,如果能实现的话,整体值日的时间就又可以减掉4分钟了。"

"再减4分钟就是24分钟了。"我帮女儿算了下结果,接着说道,"那,就这个流程来说,还能再减吗?"

"再减……"女儿显然还没想到这一步,她盯着白板上的流程和公式,想了一会嘟囔了一句,"再减恐怕就要增加人了。"

"你再想想,有没有办法。"我起身离开了她的房间。

"爸爸,你来。"过了有一会儿,女儿叫我过去。

我进了房间,她指着白板说:"你看,现在是2个人抹一排桌子需要3分钟的时间,除了增加人的办法之外,还可以让他们在保证质量的前提下干快点,这样时间就又可以缩短了,而且这里只要提高一点点,总的时间就有可能减少很多,因为这里要乘上'7'。"女儿发现了这一点,有点兴奋了。

"太棒了,我告诉你几个词,一个接一个进行的流程叫'串行'

流程,同时进行的叫'并行'流程,1个人干得快慢叫'生产率'。你来总结一下你今天的发现,好不好?"我说道。

女儿思考了一会,说道:"首先,我觉得值日效率的提高有两个方面的原因,一个是最好多增加'并行流程',这样一来,相同的时间里,就可以干更多的事;另一个就是提高'串行流程'里每一个人的生产率。爸爸,我总结得对吗?"

"非常好,那么,哪个方面更重要?"我追问道。

"嗯……我觉得生产率更重要,"女儿思考了一下,"因为即使是并行流程,也是需要人干的,所以并行流程与生产率也有关系。"

"说得对!"我肯定地回答,"生产率就是我们研究管理和从事管理的人,一直以来不断追求的。"我接着提了一个问题:"你觉得串行流程都可以变成并行吗?"

"好像不行……"女儿想了一下,问我:"爸爸,你说呢?"

"你再想想吧,等你想好了咱们再讨论。"我马上把问题踢回给她,我才不上她这个当呢,不自己动脑筋思考过的,哪能成为自己的知识。

管理知识

◎ 并行流程来自于计算机术语"并行处理",是计算机系统中能同时执行两个或多个程序的一种计算方法,主要目的是节省大型和复杂问题的解决时间。为使用并行处理,需要对任务进行并行化处理,也就是将工作各部分分配到不同处理流程中。

◎ 流程成熟度是企业在流程管理规划设计、管理应用、保障机制、理念文化等方面水平的综合反映,是用来评估企业流程管理现实情况的常用工具。迈克尔·哈默在《流程再造新工具:PEMM框架》中从流程的设计、执行、责任人、基础设施和指标5个方面13个因素,对企业流程管理现状进行评估,将企业流程成熟度分为1~4,4个级别;继而显示企业在流程管理方面的水平,可以通过比较分析和标杆企业或者目标状态之间的差距,据此通过分析和规划提出改进的策略。

伍·能更早回家了

今天下班一到家,珊珊马上跑过来,"爸爸,爸爸,我今天早回来了!"

我被这没头没脑的话给弄糊涂了,"怎么早回来了?老师生病了?"我以为是少上了一节课。

"不是,我今天值日,比平常早回来了!"珊珊解释道。

"早了多久啊?"我顺口问道。

"早了3分钟,3分钟哦!"她显然生怕我没听清,还特别着重地强调了一下。

我又糊涂了,"早3分钟是什么意思?你们现在这么精确,值日还计时?"

"值日倒没计时,"女儿有点不太好意思,"节省的时间,我是按上次我估计的那个时间算的,因为我们又优化了流程。"她说着说着又得意了。

"哦?快说说!"我终于明白她要说的重点了,没再继续追究计时的事,赶忙追问。

"你看,原来我们是一边擦黑板,一边去打水和洗拖把。我们发现,打水比较急,而洗拖把可以不用那么急。"珊珊说道。

"为什么?"我问道。

"因为打水是为了抹桌子,而抹完一排桌子,扫完一排地后,才开始拖地。所以我们就先把水打回来了,然后让拖地的同学再去洗拖把!"她回答。

"那对值日的时间产生了什么影响?"我问。

"原来擦黑板其实只要2分钟,但被并行的打水和洗拖把拖累了时间,现在把洗拖把的步骤往后推,抹桌子的流程就可以提前开始了。"女儿一边说一边把我拉进她的房间,上次算的那些结果还在白板上。

"那看来是把洗拖把改成与抹桌子并行了,所以就节约出了洗拖把的时间,是这样吧?"我明白了流程的变化。

"是的!是的!"看到我完全明白了,女儿很高兴,"而且这样一来,拖把洗得再慢点都没问题,因为抹完桌子还要扫地,时间完全来得及!"

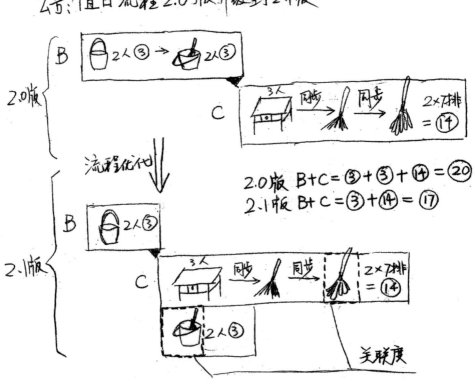

"改变流程肯定是为了效率更高,我是明白的,"我接着说道,"因为这样你们就可以早点结束回家了,但为什么可以这样改变呢?"

"为什么可以这样改变?"珊珊重复了一遍我的话,显然没明白我要问什么。

我说道:"你看,你改变了一个并行流程,'洗拖把'原来与'打水'并行,现在变成跟'抹桌子'并行了,对吧?"

她点了点头,我看她明白了,继续说道:"那么,什么样的流程可以像这样改变?"

"我觉得……"珊珊想了一会儿,"这两个步骤是为了一件事,洗拖把是为了拖地,原来设计流程的时候,没把洗拖把和拖地联系起来,把它当作单独的一件事来看。"

"那现在为什么联系到一起了?"我问道。

"是因为我们打扫了之后才发现的,原来它们之间是有关系的。"女儿说完了这句话,觉得有点遗憾,叹了一口气,"为什么开始的时候没想起来呢,唉!"

"那你觉得还有什么没想起来的,或是遗漏的吗?"我看到她一脸的不开心,笑着问道。

"我觉得没有了,但……"珊珊的回答不太有底气。

"那你觉得还有改进的空间吗?"我进一步逼问。

"应该还有吧……"她更不敢轻易下结论了,想了一会又说道,"不过我想我找到了一个办法。"

"什么办法?"我马上问道。

"就是干的时候,要特别留意看看哪些事与哪些事之间有关系。"女儿回答。

"没错,最开始的时候,有些流程之间的关系,不是那么容易察觉的。"看到女儿郁闷的样子,我笑着接着说,"其实这很正常,没有哪个流程的设计,开始就能想周全的,只能先尽自己最大的努力设计好,然后一定要先去试试,只有在试的过程中,你才可能看到你开始不知道的关系。很多时候,做事是先需要完成,才能不断完善,才有可能去追求完美。总想着一次就设计出完美的流程,那是不可能的。但正因为如此,你就可以不断去改进。也因为你知道可以不断改进,你就会一直努力,对吗?"

"我明白了,完美不是想出来的,而是做出来的。"女儿显然没有刚才那么不开心了,接着又很认真地对我说,"爸爸,我觉得每做一次,就可以回头看看,因为这次的改进,就是我们上次值日后,我才发现的。"

"没错,正是因为没法一下子达到完美,就更需要经常总结啊!"我笑着鼓励。

管理知识

◎ 企业流程再造（Business Process Reengineering，BPR），是指"由组织过程重新出发，从根本思考每一个活动的价值贡献，然后运用现代的资讯科技，将人力及工作过程彻底改变及重新架构组织内各类关系"。在管理学中，企业流程再造是将在20世纪80年代出现的各种 Reconstruction、Restructuring 等思路和方法，与资讯技术结合起来，并在 Michael Hammer 和 James Champy 于1993年出版的经典性著作 Reengineering the Corporation 中，予以系统性地整合并发展。该书强调，企业流程再造应包括4个要素：根本（Fundamental）、彻底（Radical）、显著（Dramatic）和流程（Process）。企业流程再造的重点在于：选定对企业经营极为重要的几项企业程序加以重新规划，以求提高营运效果，在成本、品质、服务和时效等方面实现重大改进。

管理小方法

◎ Michael Hammer 在其开篇之作《再造不是自动化，

而是重新开始》一文中为流程再造总结了8条原则：

(1) 围绕结果进行组织，而不是围绕任务进行组织。企业应当围绕某个目标或结果，而不是单个的任务来设计流程中的工作。

(2) 让利用流程结果的人执行流程。基于计算机的数据和专门技能越来越普及，部门、事业部和个人可以自行完成更多的工作。那些用来协调流程执行者和流程使用者的机制可以取消。

(3) 将信息处理工作归入产生该信息的实际工作流程。

(4) 将分散各处的资源视为集中的资源。企业可以利用数据库、电信网络和标准化处理系统，在获得规模和合作的益处的同时，保持灵活性和优良的服务。

(5) 将平行的活动连接起来，而不是合并它们的结果。将平行职能连接起来，并在活动进行中，而不是在完成之后，对其进行协调。

(6) 将开展工作的地方设定为决策点，并在流程中形成控制。让开展工作的人员决策，把控制系统嵌入流程之中。

(7) 从源头上一次获取信息。当信息传递难以实现时，人们只得重复收集信息。如今，当我们收集到一份信息时，可以把它储存到在线数据库里，供所有需要它的人查阅。

(8) 领导层必须表现出投入和坚持——可能再带一点狂热。

陆·人气餐厅的预约

合肥最近几年的经济发展越来越快，我住的位置原本还算是个闹中取静的地方，现在也越来越繁华起来，新建的住宅小区和入住的人也越来越多，好几个大型的购物中心也陆续开业。

我不是一个特别爱购物的人，也不是一个注重着装的人。原来还会因为经常外套不换（内衣天天换）而偶尔不好意思，但随着苹果公司已故老板乔布斯和Facebook年轻老板扎克伯格的穿衣风格被大家日益接受，我也就更加没有了购物的欲望。因此，虽然周边开了不少商场，我还从未去过。

这个周末在家无事,珊珊提出去附近的一家购物中心转转,顺便解决一下全家的晚餐问题。我又不想做饭,只好接受女儿的要求,一家人来到附近的一个购物中心。

转了一圈,到了吃饭的时间,就开始寻找吃饭的地方。现在的购物中心早已从以前的"商业中心"变成了"餐饮中心",饭店比商店多得多。珊珊看见了一家小有名气的连锁餐厅,门口已经排了不少人,对我说道:"爸爸,就在这家吃吧,上次我的一个同学也来过呢。"

"好吧,不过看来要等不少时间喔。"我提醒道。

"没关系,我去拿个号。"女儿看到我没什么意见,就跑着去负责接待的服务员那儿拿号去了。

等了30多分钟,终于有了位置,一家人坐下点菜。"想吃什么?"我问珊珊。

"最好能快一点的,"女儿想着回家看她喜欢的电视节目,"不过据我同学说,这家的菜味道都还可以。"

于是我问服务员:"哪些菜比较快?"

服务员伸手一指菜单的第一页,"这些菜点得比较多,会比较快。"

按照服务员的指点,我点了几个第一页的,又加了几个后面女儿平常喜欢的菜。

果然,第一页的菜很快就上来了,其他的半天也等不来。

珊珊胃浅,吃了一会就快饱了,抬头看着我说:"爸爸,我觉得这个店的流程可以优化!"

"咦!怎么吃着饭又想起流程来了?"我有点奇怪。

"我觉得应该增加一个预约的流程,这样就不用等那么久了。"珊珊没有回答我,自顾自地说道。估计是觉得等的时间太长,才有了这样的感受。

"我要是老板才不加呢,这么多人排队,等于是做广告了。"妈妈插了一句。

"等一次也就算了,如果每次都浪费这么多时间,谁还老来啊?"女儿不太服气。

"我觉得珊珊说得有道理,毕竟开饭店还是欢迎熟客常来的,"我站在了女儿一边,"不用等,我们吃饭的肯定高兴了,但对于饭店来说,除了得不到妈妈说的广告效果,你觉得还会带来什么影响?"我转向珊珊问道。

"嗯……"估计她开始没考虑这么多,想了一会说道,"估计第一拨来吃的没啥影响,可是后面来预约的,饭店因为不知道前面的人什么时候能吃完,时间就不好确定了。"

"预约不就是预约时间吗?不好确定还有什么意义?"我不满

意女儿的回答。

"那,不行就先大致约个时间,如果快到了时间,前面的还没吃完,就请他们吃快点?"珊珊提了一个新办法。

"照你这样搞,后面的确实没意见了,可前面正在吃的该有意见了。"我否决了女儿的方案。

"那倒是,"她也认同我的观点,"再说像我们今天,点的菜都上不来,想吃快也做不到啊!"珊珊无意中还发现了新问题。

"有了!"女儿兴奋地拍了一下我,"菜一下全上来,吃得就快了。"她看来是被自己刚才无意说的话启发了。

"哈哈,你说得很对,"我赞同地补充道,"一般结婚时候的吃饭,菜就上得特别快,这样新郎和新娘就可以早点回家了。"

"就是!就是!"女儿看到我同意她的办法,高兴了,"这样问题就解决了。"

"等等,那你觉得这家店能做到吗?"我马上追问。

"为什么做不到?"她不太明白我的问题。

"那你觉得为什么我们点的菜上不来?"我解释道。

"是不是客人太多厨师太少?"珊珊回答,"可以增加厨师啊,肯定合算啊。"

"厨师的数量可能是一方面,"我说道,"那为什么有的菜上得

1.领座员:我这排到了38号。

2.传菜员:一盘菜都没上的还有18桌!

3.后堂厨师:我已全速!

4.预约电话……

快,有的菜上得慢?"

"嗯……"她犹豫了一会,"刚才服务员似乎说,点得多的上得快。"珊珊想起了点菜时我和服务员的交流,"我明白了,厨师们是把我们点的同样的菜,放在一起炒的,所以比较快?"

"也不一定是一起炒,厨师只是负责炒配好的菜。而对于配菜师傅来说,毕竟同样的菜配起来更方便。"我解释道。

"是的!是的!你说过的,厨师只负责炒,别的不管。"一般在家做饭,我只负责炒菜,孩子妈负责洗、切和配菜。我曾跟女儿解释,厨房里厨师的地位最高,所以只负责炒菜。看来她还有印象。

"所以,你现在明白饭店里的流程啦?"我问道。

"服务员负责让客人点菜,有人负责洗菜、切菜和配菜,然后厨师炒好,服务员再把菜端给我们,"她回答,"所以点得多的会一起处理,就会比别的菜快了,对吗?"

"基本正确,洗菜和切菜一般是提前准备好了的,然后根据客人点的来配菜。"我解释了一下,"所以你明白哪个流程是关键点了吗?"

"我明白了,配菜师傅会优先把同样的菜配好,然后再按点菜的顺序配其他的菜,所以点得多的菜会上得快。"珊珊大致明白了,"那么,配菜是关键流程。"

"你分析得很对,"我表扬道,"那么,如果我们点的菜要一起上来,该怎么办?"

"如果是这样的话,配菜师傅就不能像现在这样了,他必须按照一张一张点菜的菜单来配菜了。"她找到了办法。

"其实有时候还可能更复杂,比如,我们吃着吃着,觉得不够吃了,需要加菜。那么这些'加菜'的菜单要不要插队?所以,会有很多临时状况需要处理的。"我进一步说明。

"那看来想让客人可以提前预约、不用等,还是很困难的。"珊珊有点泄气。

我们的菜终于上齐了,但我们已经吃饱了,我只好让服务员打包,准备带回家。我接着回答珊珊:"是的,看上去只是增加了一个流程,但可能对原有的流程带来很大的影响。"我解释道,"何况,你要增加的流程,隐含的变化可真是不小呢。"

"哦,为什么?"她有点不解,"刚才讨论的不主要就是配菜吗?还有什么隐含的变化?"

"在不考虑后面客人再次预约的时候,整个流程的目的是方便厨房的人员;而你增加了'预约'流程,就改变了整个流程的目的,要变成方便客人了。"我说道,"目的的改变,不仅给流程本身会带来极大影响,更需要每个流程的执行者,也就是服务员们、后堂的师傅们,从理念上做出改变。如果不改变,即使流程看上去优化了,最终的结果还是不会让人满意的!"

"爸爸,我懂了,确实可能很难。"珊珊说,"但这么多的饭店,应该都差不多,如果谁能先改变,那不就马上可以超过其他饭店,赚钱更多了吗?"

"你说得对,想比别人厉害,又不想克服困难,那是不可能实现的。"我说道,"走!回家!"

管理知识

◎ 流程关键点。企业流程的基本要素总的来说有四个：活动、活动的逻辑关系、活动的实现方式和活动的承担者。这四个基本要素在不同的企业流程中，其地位是不一样的，但其中至少有一个是关键因素。

◎ 流程关键点的识别，主要看变动某要素是否对流程的运作结果（如顾客服务或企业绩效）产生深远的影响，这是识别流程关键点的根本标准。

管理小方法

◎ 流程关键点的突破是流程再设计的核心，也是流程再造的重中之重。流程关键点的突破主要包括：

（1）活动本身的突破，包括活动的整合、活动的分散和活动的废除。

（2）活动间关系的突破，其中有两种可能，一种是活动的先后顺序发生突破性变化，另一种是活动间的逻辑关系发生突破性变化。

（3）活动承担者的突破。

（4）活动实现方式的突破，如利用信息技术等。

柒·晚餐吃披萨

今天孩子妈加班,一大早就告诉我晚上别忘了放学去接珊珊,然后负责做饭。中午怕我一忙起来就给忘了,又打来电话再次提醒。

下午忙忙碌碌,一看表发现珊珊已经快放学了,我急忙赶到学校,正好接上她。她一上车,就开始叽叽喳喳地告诉我今天学校里的新闻,我偶尔插上两句话。过了一会,突然想起晚饭的事,我连忙打断她说话,问道:"珊珊,晚上我们吃什么?"

"要不顺路买点什么带回家?"珊珊想了一会说道,接着又来了一句,"不过也真没什么想吃的。"

"也是,都是老一套,也确实没啥可吃的。要不,咱们到外面吃?"我又提议。

"还有好多作业呢,没时间在外面吃。"她干脆地否决了我的提议。

"对了,前几天我看报纸,好像你喜欢吃的那家披萨可以送外卖了,要不订回家来吃?"我想起了前几天看的一则消息,提出新建议。

"是吗?"她来了兴趣,"确实有一段时间没去吃了,那就吃披萨好了。"

到家停车上楼,女儿回房间写作业,我打开电脑开始研究怎么订餐。

我研究得差不多了,叫女儿:"珊珊,过来看看吃什么?"

女儿从房间出来,坐在我旁边,她第一次看到网上订餐,也很好奇,先一张一张看着不同食物的图片,把想吃的都点好了,就开始仔细地看页面。

"爸爸,这个是什么?"她指着400开头的一串数字。

"你先等会,我先下订单,再跟你解释。"我用鼠标在屏幕上点了下单的按钮,屏幕上弹出一行字:谢谢您的订购,所订购的商品将在40分钟左右送到。

"OK,订好了,等着吃吧!"我往椅子上一靠。

"爸爸,刚才我问的问题你还没告诉我呢?"珊珊看我忘了她的问题,提醒我。

"哦,你说那串号码,"我在电脑上重新回到订餐主页,"这个吗?这叫400虚拟电话号码,一般是只能打进去不能往外打。企业申请了这样一个400号码后,全国任何一个地方都可以打。企业可以预先设置,把打进来的电话转接到固定电话、手机或呼叫中心专线上。这样的好处是,所有的人只要记一个号码就行了,另外我们打的时候,电话费也很便宜。"我解释道。

"明白了,我写作业去了。"珊珊说着回房间去了。

过了将近40分钟,门铃响了,珊珊听见了铃声,连忙也跑到门口,打开门,一个送餐的站在门口,把点的餐一一跟我核对,我签收后把钱付给他,他转身走了。

"吃饭啰!"珊珊洗完手,跑到餐桌前,拿起食物开吃,"爸爸,我觉得卖披萨的饭店好厉害。"

我也切下一块披萨,边吃边问道:"哦?怎么厉害了?"

珊珊喝了一口汤,咽下披萨,"我们上次在购物中心的饭店吃饭,讨论后觉得增加预约流程很困难,而这家卖披萨的,不就可以预订的吗?"

"哈哈,你还记得这事呐,那你觉得这家饭店与上次那家的流程有什么不同?"我很高兴女儿观察事物越来越细致,开始提问。

"嗯……"女儿放下披萨,思考了一会,说道,"点菜不一样,上次是服务员点,这次是我们在网上点……还有,这次要有人送到家里,上菜的距离远多了。"

"上菜的距离远多了,哈哈哈……"我被珊珊逗得哈哈大笑,"那你觉得上次那家店面临的问题解决了没有?"

"你是说菜一起上的问题?"看到我点点头,珊珊接着说,"肯定没有问题了,而且在家吃,想吃多久就吃多久,也不会影响其他客人了。"

我点点头,"确实,在家吃这些问题都不存在了。那么出现什么新问题了吗?"我问道。

"新问题……"她认真思考了一会,"应该是上菜的距离太远,可能堵车,菜会凉了。"她又说了一遍"上菜的距离",自己忍不住也笑了一下,又补充道,"如果订餐的人多,还可能要增加很多送餐的人。"

"现在有了很多新的公司,专门就是帮别人送货的,会配备很多专业设备,比如保温箱什么的。他们按照饭店的要求,把东西送到指定的位置。"我解释道。

"原来是这样,上菜的流程不用饭店自己来做了。"女儿明白了。

"是的,从饭店角度来说,这个叫做'流程外包'。"我进一步说明。

"流程外包……"珊珊重复了一遍。"那饭店怎么知道送没送到,我们满不满意呢?"她问道。

"这是个好问题!"我夸了她一句,"一旦某个流程不是由自己完成的,就有可能失去控制。"

"而且我们也不知道饭店是让别人送的,万一出了问题,饭店岂不是还要替人背黑锅吗?"女儿开始替饭店担起心来了。

"'背黑锅'这个比喻很形象,"我笑着说道,"你的位置换得好快啊,这一下子就从客人变成饭店老板了。"我打趣她,"那好,假如你是开饭店的,你怎么才能防止这种情况的出现?"

女儿突然站起身,往书桌那儿走。

"你干什么,吃完了吗?"我有点奇怪。

"我再看看刚才订餐的网站。"她一边说一边打开电脑。

"我明白了,"她把几个网页翻看了几遍,"这个400的电话很重要,这样我们就可以联系上饭店了。"

"还有吗?"我追问道。

"还有,刚才订餐结束的时候,网站还告诉我们订的餐要多久可以到,如果到时候没送到,我们也会打电话,饭店马上就知道

了。"她继续补充道。

"还有吗?"我继续追问。

"好像没有了……等等,餐送来的时候,核对完爸爸还签了名字。"她又想起了这个细节。

"那叫'签收'。"我解释道,"你太厉害了,基本上都说到了,统一的电话号码便于记忆,订餐后告知到达时间,再加上签收。"我总结了一下,"所有这些加在一起,就是这次订餐和送餐的'评估体系',用来保证我们所有订餐客人的利益。"

"评估……我明白了,"女儿愣了一下,恍然大悟一般叫道:"爸爸,我还明白了一件事!"

"哦?还有什么发现?"我以为她找到了连我都没注意到的细节。

"你看……"她手里拿起一个小册子,"你每天都要在我的'家校联系册'上签字,每个家长还有我们班主任老师的电话号码,这也是评估体系。"

"好吧……"我被她搞得哭笑不得,不知道该怎么回答,只好没好气地问:"今天的字签了没?"

"写作业去啰!"她一看我脸色不对,赶紧溜回房间去了……

管理知识

◎ 业务流程外包（Business Process Outsourcing，BPO），是企业将一些重复性的非核心或核心业务流程外包给供应商，以降低成本，同时提高服务质量。企业实施外包后带来的主要利益包括降低服务成本、专注于核心服务、改善品质和获取专业知识等。外包带来的负面影响主要表现在：企业与客户的联系减少、服务质量降低、企业内部知识流失等。

◎ 反馈控制是管理人员分析工作执行结果，将它与控制标准相比较，发现偏差所在，并找出原因，拟定纠正措施以防止偏差发展或继续存在。反馈控制通过将系统的输出信息返送到输入端，与输入信息进行比较，并利用二者的偏差进行控制，其本质是用过去的情况来指导现在和将来。

捌·超市购物

每周六,都是去超市采购的日子,附近的大型超市越来越多,每次为了去哪家,珊珊和她妈妈都要讨论个半天。今天倒是不错,母女俩很快统一了意见——去附近最大的一家。

开车十分钟,就到了地方。这两年私家车越来越多,到了周末,又基本上是家家户户采购的日子,车位尤其难找。转了半天好不容易才找到个位子,停好车直奔超市。

我每次陪着采购的角色是非常清楚的,就是拎东西。所以一进门,我就自觉地推上购物车,跟在她们两个人后面。妈妈是按照来之前写好的清单,把一周要用的、要吃的东西一一找到，放进购物车，珊珊则是只负责选自己想要的东西。每逢周末客流量大，做促销活动的商家也比较多，珊珊也经常挤上去看看、尝尝，如果觉得好吃，就跑来征询一下我们的意见。不过大多数时候，都是被否决，她倒是乐此不疲。可能因为周末顾客多的缘故，超市里营业员也比平时多很多，不过与忙于购物的消费者相比，大多数营业员倒是清闲许多，除了偶尔把货物整理整理，大多时候都是等着顾客招呼。

因为顾客较多，又都推着购物车，碰到通道较窄的情况，经常要彼此让来让去，才能顺利通过。珊珊看到每个人的购物车里都堆满了东西，悄悄问我："爸爸，为什么每个人都会买很多东西？"

"超市是一种商店的类型，"我没有直接回答她的问题，而是反问，"你认为还有哪些类型的商店？"

"便利店……百货商场、购物中心（Mall）……"女儿小时候在日本生活过，对"7-Eleven""全家"（Family Mart）那种便利店非常熟悉，第一个就说了出来，"还有……奥特莱斯（Outlets）。"

"不错，连Outlets都还记得，"我笑着说，"其实还有一些其他的，比如专卖店、专业市场等，不过那些你去得不多。那你就说说超市与你提到的那些商店的区别是什么吧。"

"超市比便利店东西多，比百货商场要便宜，不像购物中心有那么多饭店,跟奥特莱斯比……奥特莱斯都是一个一个品牌的店,爸爸,我说得对吗?"珊珊说完看着我问道。

"不错,观察得挺仔细。"我肯定道。"那你觉得从我们买东西的目的来说,超市的特点是什么?"我继续问道。

"我觉得我们是来超市买经常要用的东西,"她想了一会儿,又补充道,"而且一般买得比较多,至少要买够一个多礼拜的。"

"你说得很对。"我赞许道,"那现在要你换个角度,站在超市的角度,你觉得它针对我们的需要,应该如何来设计商品摆放和购物流程?"

"所有东西,都需要可以很容易地被自己拿到,而且价格也都要标得很清楚……不同种类的东西要分清楚,放在不同的区域……"女儿边想边说,"还有,所有东西都拿完了再一起付钱。"

"差不多把该说到的都说了。"我答道,"当然还有一些流程是为了增加超市利润的,比如不同利润水平的同类商品,摆放的位置会不一样。"我一边说,一边指着身旁的奶粉货架,"你看,跟我们视线齐平的、最方便拿取的,往往是利润较高的奶粉品牌,利润稍低的往往摆在下面。"

"那看来这是利润最低的啰?"珊珊指着最下面一层,问道。

"是的。"我一边回答,一边看看购物车里的商品,"差不多了,走,去结账吧。"说完一起朝收银口走去。

"爸爸,这么多人排队!"离收银台还有不短的距离,女儿就看见了排队的长龙。

我们赶紧排在一个队伍的末尾,珊珊却开始东张西望。

"找什么呢?"我问道。

"爸爸,这么多人排队,为什么那边有好多收银台都不开?"她似乎发现了问题,问道。

"你觉得是什么原因?"我反问。

"是不是因为没有收银员?"她问我。

"是的。"我回答。

"为什么不多配点收银员呢?"她很奇怪,"不是有很多人都没事干吗?"她指着超市里面很多闲着的超市员工问道。

"因为超市里面的员工都有分工,有的是专门整理货物的,有的是厂家派来做营销活动的,收银要专门收银的。"我解释道。

"那我觉得他们的流程有问题。"女儿开始对超市的流程提出疑问。

"哦?"我笑着问,"你认为有什么问题?"

"拿东西的时候很方便,可付钱,却要等这么久。"珊珊现在的流程意识越来越强,对效率的敏感度也越来越高。

"这个就叫流程的'瓶颈',你有什么好办法吗?"我一边说明一边提问。

"瓶颈……"看来这个词她比较陌生,重复了一遍,又想了一会,说道:"我觉得有那么多收银通道,里面的人又不忙,可以互相帮助。"

"那你觉得怎么才能做到呢?"我问道。

"我觉得只要每个人既熟悉整理货物的事,又懂得收银台怎么操作,就可以做到了。"她几乎没有琢磨,就回答道。"而且这两种工作又不难。"她又加了一句。

"没错,你说的这个办法,就叫做增加流程的'弹性'。"我又说了一个专业词汇。

"流程的弹性?"女儿显然没明白这个词。

"你看,就像你说的,有的时候可能整理货物需要更多人,有的时候可能收银需要更多人,但你又不能提前知道哪里会需要,所以你能做到的就是,让流程能够根据需要的变化而变化。"我解释道,"就像皮筋一样,有弹性,可以拉到不同的长度。"

"我懂了,原来这叫做弹性。"她明白了。

到我们结账了,付了钱,我们走出超市。

"爸爸,"女儿似乎还在想着我们刚才的对话,"我在想我们值日小组的弹性,如果让每个人既能抹桌子,又能扫地、拖地的话,那么,即使打扫教室的大小不同,效率也不会受到影响了。"

"聪明!"我拍拍她的肩膀。

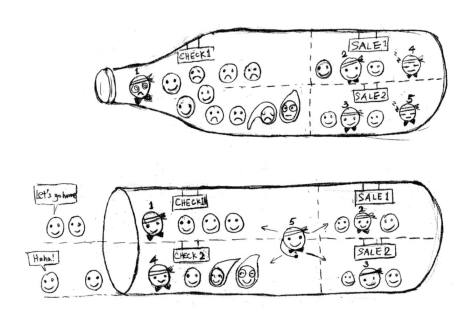

管理知识

◎ 商业业态(Commercial Activities)，是指针对特定消费者的特定需要，按照一定的战略目标，有选择地运用商品经营结构、店铺位置、店铺规模、店铺形态、价格政策、销售方式、销售服务等经营手段，提供销售和服务的类型化经营形态。商业业态包括百货店、超级市场、大型综合超市、便利店、专业市场(主题商城)、专卖店、购物中心和仓储式商场等8种形式。

◎ 流程的瓶颈，一般是指在组织整体中的关键限制因素。通常把一个流程中生产节拍最慢的环节叫做"瓶颈"(Bottleneck)。更广义地讲，所谓瓶颈，是指整个流程中制约产出的各种因素。

◎ 瓶颈的解决办法。英国物理学家廷德尔说："事实是死东西，是想象力赋予它们生命。"因此，为了消释我们自身学习、生活和工作过程中的某些"瓶颈效应"，我们应当重视思维的想象力。值得借鉴的方法如下：

(1) 扩大联系点。即从时间上、空间上相近,或形式上、内容上相似的事物和现象中进行联想。比如记不清楚某个数学公式了,你不妨先想想与之相近的数学原理、数学符号、数学公式,想想它们在哪一个章节。又如你一时想不起老同学的姓名了,你就不妨先想想与他(她)相近又与你自己相识的其他老同学的姓名。如此联想往往能激活深藏于记忆深处的知识和经验。因此,对各种条件之间的联系揭示得越充分、越深刻,解决问题的途径和方法就越多。

(2) 拟一份思考"清单"。这是为实现"扩大联系点"直接服务的。1941年,美国创造学家奥斯本提出拟定一份思考角度清单的方法,来提示创造者培训掌握多角度思考法的本领。他认为,逐一检查、核对这份"清单",能使创造者在遇到思维障碍时,比较全面地思考某一对象,而不致遗漏重要的思路。

(3) 学会"积极的休息"。在一个人解决某一问题或从事某项创造活动的过程中,思维要经历将活动的重点从意识区转移到无意识区的"酝酿期"。在这个"短时休息"的阶段内,有的人养神休息或者睡觉,有的人则运动或散步,然后才可能"豁然开朗"。因此,必须学会"积极的休息",就是在思维过程中,经过紧张的思考后,如果发现被"瓶颈"卡住了,那就不妨暂时松弛一下,休息一会儿,使大脑神经中枢在思维的循环性节奏中恢复平衡状态,这往往有助于"顿悟期"的降临。心理研究以及众多事实,已经反复证明了这一点。

玖·平均分的烦恼

由于外地教学的缘故,我免不了要经常出差。这次出差的时间刚好赶上了女儿的期中考试。

"珊珊,爸爸明天要出差哦。"一回家,我就告诉她这个消息。

"好的。"她倒是很平常。

"复习得怎么样了?"我知道她对于考试虽然外表很平淡,但其实非常重视。

"差不多了。"她依然若无其事的样子,"不知道这次我们班的年级排名能不能提升。"她又加了一句。

"你现在还关心这个?"我挺意外。

"那当然了,每个同学都很在意呢,"她回答道,"每个老师都希望班级的整体成绩高呢!"

"哦!"我明白了,这也是老师们的评估指标。"你先把自己的成绩考好,每个人都提升了,班级整体自然就提升了。"我说道。

出差回来一见到珊珊,我忙问她考得怎么样。

"我的还凑合,发挥得不是特别好。"其实她妈妈早已经告诉我珊珊考得不错了,女儿继续说,"不过班级的平均分在年级排名不好!"

"一般来说,得高分对平均分影响有限,你就别烦恼了。"我笑着安慰她,接着问道,"是不是你们班有同学分考得太低了?"

"是的。"她还是有点闷闷不乐,看来班级排名她还是很看重的。"有的同学数学和物理都只考了个位数。"她补充道。

"难怪,"我恍然大悟,"这一个分数估计就把平均分拉低了一两分呢。"

"可不是,"女儿接着我的话说,"大家都一筹莫展了。"

"都一筹莫展了……"听到女儿还说了句成语,我哈哈大笑,"那你们打算怎么办?"我想大家是不是在打算帮助帮助这位同学呢。

"你还笑……"女儿看我不当一回事,有点不高兴了。"有人建议他干脆退学算了,"女儿接着说道,"要不就留级。"

"嗯……"我才明白一筹莫展的真正意思。"为什么?"我问道。

"很多人觉得,只要他在,我们班就永无出头之日了。"女儿回答道。

"我发现,你发愁的时候,讲话都会文绉绉的。"看到珊珊愁眉苦脸的样子,我先开了一句玩笑。"大家都是希望这样处理吗?"我接着问道。

"那倒也没有,"她回答道,"有的同学觉得这样不太好。"

"为什么不好?"我追问。

"因为都已经同班这么久了,多少有点感情呗,"女儿回答,"他也有几个好朋友,不舍得他呢?"

"那你是什么意见呢?"我很关心女儿的态度。

"我说不清楚……"女儿想了一会,"我不希望他离开,但我觉得不仅仅是有同学感情的原因……"她又停了一下,"我就是觉得有哪个地方似乎不对……但我……又说不好……"说完她看着我,"爸爸,你是什么意见呢?"

"我明白了,"我说道,"他在班上,肯定会影响班级的平均成绩,也就影响了年级排名,这会让你们在其他班面前很没面子,这是产生这个问题的主要原因吧?"

"是的。"女儿肯定地回答。

"那他还有别的什么让同学们不喜欢的吗?"我接着问道,"或者说,想让他离开的原因吗?"

"那倒没有……"她答道,"其实他还有不少优点呢,比如他运动就特别好,每次运动会都拿好几个名次呢!"她想了一会,又说道,"我觉得他也挺喜欢我们班的,每次班上的活动他都很积极参加,还很愿意帮忙。"

"是啊,"我接着她的话说,"你看,你在考虑这个问题的时候,增加了几个因素,因此就不像有些同学那样,觉得他一无是处了。"

"其实这些大家也知道的,"女儿解释道,"但还是觉得拉低了成绩这个很严重。"

"当我们做决定的时候,一般有两个重要的方面,"我解释道,"一个是考虑的因素,这个越多越好,比如你除了考虑成绩的事,还考虑运动的事;另一个方面,叫'权重',就是每个因素的重要性。"

"权重……重要性……"女儿重复了这个有点新的词。

"对,重要性!"我说道,"最终的结果,就是每个因素乘以重要性后,再加起来。"

"哦,明白了。"女儿接着问道:"这两个方面,我觉得'重要性'会更多地影响结果,对吗?"

"是的。"我回答。

"可是,同学们都觉得平均成绩的重要性更高啊!"女儿又有点糊涂了,"难道爸爸的意见也是觉得应该让他离开吗?"

"那你觉得重要性应该怎么看呢?"我没有回答她的问题,反问道。

"如果是与运动和值日相比,我倒是同意其他同学的观点。"女儿更不明白了,"成绩确实很重要啊?"

"你觉得上学的目的是什么?"我继续反问,"设立学校的目的是什么?"

"让我们学习啊……"女儿回答,"让我们接受教育啊……"

"你说得对!"我肯定了她的答案,继续追问,"那如果学习不好,或者说教育得不太成功,该怎么办?"

"那……更应该继续学习啊!"女儿恍然大悟,"爸爸,我明白了,你是同意我的观点的,你不想让他退学!"

"平均分的重要性在班级和年级来看,"我解释道,"可能确实是显得很重要,可如果跳出班级和年级,甚至跳出学校,才能真正明白到底哪个更重要啊!"

"原来是这个缘故,从不同的层面去看,才能看清楚重要性是不一样的,我就觉得哪儿不对嘛。"女儿彻底开怀了,"这就是电视剧里说的'不抛弃,不放弃'吧?"她还开起玩笑来了。

管理知识

◎ 权重是一个相对的概念,针对某一指标而言。某一指标的权重是指该指标在整体评价中的相对重要程度。通常来说,设置权重的方法有以下几种:

(1) 主观经验法。凭以往的经验直接给指标设定权重,一般适用于考核者对考核客体非常熟悉和了解的情况。

(2) 主次指标排队分类法。也称A、B、C分类法,具体操作分为排队和设置权重两步:排队是将考核指标体系中所有指标按照一定标准,如按照其重要性程度进行排列;设置权重是在排队的基础上,按照A、B、C三类指标设置权重。

(3) 专家调查法。聘请有关专家,对考核指标体系进行深入研究,由每位专家先独立地对考核指标设置权重,然后对每个考核指标的权重取平均值,作为最终权重。

拾·变速器的道理

我喜欢骑自行车,给女儿也买了一辆变速自行车。女儿也因此喜欢上了自行车。

周末没事,我在家看"环法自行车赛",女儿也坐在旁边,拿了本书,陪着我看。

"爸爸,你看法国的树好多哦!"她看着看着突然来了一句。

"哈哈,原来你是在看风景啊!"我被她的话逗笑了。

"爸爸,这比赛要骑多远啊?"女儿问道。

"一共有21个赛段,每个赛段距离不等,总距离大概3 200千米。"我回答。

"那每个赛段平均也要100多千米了,"女儿有点惊讶,"那得多累啊,我看都看累了。"女儿夸张地打了个哈欠,伸了个懒腰。

正说着,电视里开始播起了广告:"百年传承……"

"爸爸,'百年'是不是说这家公司很厉害?"珊珊看来是真的觉得自行车比赛比较乏味,连平常从不关注的广告都引起了她的兴趣。

"是啊,人活到一百岁都很不容易,公司存活百年就更难了。"我接着说,"有人研究了一下,咱们中国现存的百年以上的企业,也就只有十几家。"

"那怎么才能存活百年呢?"女儿来了兴致。

这个问题还真把我难住了,这还真不是一两句话就能说得清的。看到了电视上又开始播放自行车赛,我突然有了启发。

"珊珊,你不是觉得他们比赛要骑那么久,会很累吗?你知道如何才能坚持下来吗?"我问女儿。

"不知道……"女儿似乎不太明白我为什么突然问起这个。

"要想在这二十多个赛段坚持到底,就必须保持体力,不能消耗太大。"我说道。

"那怎么样才能做到呢?"女儿问。

"你知道你的自行车上的变速器是做什么用的吗?"我问道。

"变速器……"女儿可能没想过这个问题,"我觉得……上坡的时候变速可以省力,下坡的时候变速可以骑得更快。对吗?"女儿回忆了一下她平常骑车的经验。

"你先去看看你的自行车的变速器。"我没回答,让她自己去看。

珊珊跑到阳台,对着她的车和我的车,仔细研究了一会,又跑回来。

"爸爸,我看过了,咱们俩的车,脚踏板那儿都有3片不同大小的带齿的圆片,你的车后轮那儿有10片,我的只有7片。"她向我报告她的发现。

"那个叫'飞轮',前面的叫'前飞',后面的叫'后飞'。"我解释道,"你平常就是从车把上,通过控制它们之间不同的组合,来改变速度的。"

"那你的车一共就有30种组合了,我的只有21种。"女儿马上算出了组合的总数。

"算得很对,所以我的车是30速的,你的是21速的。"我表扬了一句,"如果只是为了上坡省力,下坡加速,为什么要这么多组合呢?而且,你知道吗,一般这个数字越大,车子也越贵呢?"我继续问道。

"嗯……"女儿不知道了。

"你跑步的时候,什么时候最累?"我提示她。

"跑步……"她想了一下,"应该是变速跑的时候。"

"对,一会快一会慢地跑,很容易就累了。"我肯定她。

"那跟自行车的变速器有什么关系呢?"她还是没想通。

"跑步一会快一会慢会累,那骑车一会快一会慢会怎么样?"我继续启发她。

"哦,我明白了,"女儿大叫道,"必须要匀速骑才不会累,就像始终按一个速度跑步一样。"

"所以变速器是用来干什么的?"我回到变速器的问题。

"是通过变速器,让我们按照一个速度来骑车,"女儿彻底想通了,"车速虽然在变,但我们骑的速度没变,所以就不容易累。"

"什么是骑的速度?"我想看看女儿的概念清不清楚。

"嗯……"女儿在想怎么表达,"就是……踩脚踏板的速度。"

"嗯,基本准确。"我追问道,"那为什么要那么多组合呢?"

"因为各种类型的路面都不一样,所以组合就应该越多越好,"女儿越说越明白了,"我们用不同的组合,来尽可能地保持匀速地骑。你的车因为更容易保持匀速,所以就更贵。"

"是的。"我说明道,"长距离的骑车,路况往往很复杂,但我们不能跟着路况去改变我们的骑行。无论什么样的路，我们始终要按照一个速度蹬，才能把体力保持得最好。所以虽然叫'变速'，其实是为了'不变'。路况不一样的时候，看起来车的速度在变，但其实骑的速度没有变。"

"原来'变'是为了'不变'！我明白了。"女儿又问道，"那最后得冠军的，就是他的速度，始终可以保持得比别人快啰？"

"要想得冠军，那可能的影响因素就更多了。"我解释道，"首先肯定骑行的速度要比别人快，也要有最后的冲刺能力，可能还要有队友之间的相互配合。所以比赛看起来就很有意思了。"

"难怪我看得累，您看得津津有味呢！"女儿一边说一边也认真地看起比赛来。

"那你明白百年企业的原因了？"我追问了一句。

"嗯?!"女儿似乎已经忘了这件事，"百年企业？"

"是啊，你刚才不是问这个吗？"我帮她回忆。

"哦……"女儿想起来了，琢磨了一会儿，"爸爸的意思是……企业也像骑车？"

"长距离骑车！"我肯定地说。

"所以，企业要想活得长，也不能随着路况的变化而变化，"女儿逐渐想明白了，"也要保持匀速？"

"你说对了一个方面,其实有两种含义,一个是外部环境在变化,企业不能急着变化,要看清楚了再变,否则就成了胡乱消耗自己,自己把自己折腾死了。"看到女儿明白了我说的第一个方面,我进一步解释,"除了不能胡乱消耗自己,尽量保持匀速之外,更重要的是,要明白什么是'不变'的,'不变'的才是企业真正的'本质'。环境变了,'本质'不能变,因为没了这个'本质',你也就没有了存在的价值。"

"那每个企业都知道自己的'本质'吗?"珊珊问道。

"唉!"我叹了口气,"就是因为太多的企业要么没找到自己的本质,要么根本就没有本质,我们才只有这么少的百年老店啊!"

管理知识

◎ 百年老店，指商家成立时间悠久，诚信经营，产品服务独有特色，虽然历经沧桑，但企业的名号及所提供的产品或服务仍受到消费者的信赖和欢迎。韩国央行2008年曾发布过一份调查报告——《日本企业长寿的秘密及启示》。报告称，全世界创业200年以上的企业共5586家，日本多达3146家，占了近60%，远多于排第二位的德国(837家)。而日本经济大学教授后藤俊夫的调查则显示，创业超过200年的企业，日本实际上多达3937家，德国约有1850家。

◎ 匠人文化。和中国的大多数创业者不同，日本中小企业的创始人大多数源于自己独特的技术或技能。他们能够坚守在某一领域潜心钻研、精耕细作，在核心技术的某个环节不断积累，实现技术和应用的突破，从而走向世界的前沿。这颠覆了"大企业高附加价值、小企业低附加价值"的传统规律。

日本日中振兴贸易机构研究员、旅日华人丁可博士在《日本强大的基础——匠人文化、职人气质》一文中写道：日本经济产业省每年都要评选"最有活力的中小制造业企业300强"。2007年的评选名单显示，300强中，单个产品在全球市场占有很高份额的有54家，在日本市场独占鳌头的高达109家。从这300强的行业分布看，零部件企业84家，机械制造企业77家，精密加工企业52家，仅这三个领域就占据了2/3强。这些企业都是默默无闻的，却在各自的行业里拥有不可替代的地位。

拾壹·爷爷家的老冰箱

女儿小时候经常去爷爷奶奶那儿,上了中学,功课渐渐繁重,去的次数也就少了很多。不过每到了节假日的前夕,总是要和我一起去看看爷爷奶奶。

快到中秋节了,我们先去附近的超市采购了不少东西,一家人走向爷爷奶奶家。

路过一家文具店,"爸爸,我的计算器坏了,买个新的吧?"珊珊要求道。

"不是才用了不到一年,怎么就坏了?你也太不爱惜了。"我嗔怪道。

"才不是我的问题呢,就是计算器的质量不好。"珊珊不太服气。

"买的都是挺贵的,怎么质量还这样。赶紧去买,爷爷奶奶要等着急了。"我没再多说,拿出钱让珊珊赶快去买。

文具店出来没多远就到家了,一进门,珊珊就"爷爷""奶奶"地叫个不停,把带去的东西也一一介绍,介绍完了,又张罗着把需要冷藏保存的食物一一放进冰箱。爷爷家里用的是一台老冰箱,还是爷爷20世纪80年代出国时带回来的,用了这么多年,仍然没啥问题。我提了好多次给他们换一台,可能一来是父母年纪大了,比较恋旧;再是多年养成了节省的习惯,他们一直不同意换,于是这台"超期服役"的老古董就用到了现在。当年的冰箱内部空间不大,每次东西买得多了,总要一层一层地"精心"安排,才能都放进去。这次也不例外,"设计"了半天,才安排好东西的位置。

吃完了饭,爷爷奶奶要休息,我们也就告辞离开。一出门,珊珊就忍不住地抱怨:"为什么爷爷奶奶的冰箱还不换啊,东西都放不下了?"

"他们年纪大了,东西用着习惯了,也就不想换新的了。"我给她解释道。

"可是这个冰箱比我年纪都大了,也该换了。"她还是不死心。

我一想,可不是嘛,都快三十年了,接着女儿的话说道:"等你到了爷爷奶奶的年纪,你就明白了。"

"这冰箱也真是的,哪个厂生产的,用了这么久,也不坏!这新生产出来的产品还怎么卖啊?"珊珊索性连生产厂家也怪上了。

"珊珊,这个问题有意思。"我告诉她厂家的名称,接着问:"你要是厂家,你是愿意冰箱坏得快一点,还是慢一点呢?"

"当然越快越好啊!"她没有丝毫犹豫,"早点坏了,我就可以早点卖新的给他们了。"

"那你是希望你的计算器快点坏,还是多用一些时间呢?"我反问道。

"嗯……"她显然没想到我在这等着她呢,"那我……还是希望不要坏比较好。"

"那这样看来,这之间是有矛盾的啰?"我说道。

"是哦,"珊珊说道,"卖东西的希望坏得快点,买东西的希望坏得晚点,确实不一样。"

"那按谁的意见办呢?"我马上追问。

"嗯……"珊珊犹豫了一下,"我觉得还是按我们消费者的意见办,要不然我们就不会买了。"

"这也不一定,以前的时候东西太少,想买的人多,所以买东西的人没办法,即使东西差点,也只好认了。"我解释道,"但现在东西多了,为了把东西卖掉,卖东西的就只好迁就我们消费者了。"

"买回来的东西不坏了,我们确实觉得好。可是卖东西以后怎么办呢?"珊珊又开始担心起厂家了。

"是啊,为了能把东西卖掉,只能让它不坏,这是厂家唯一的选择。"我说道,"但是,为了自己能生存下去,它就在产品上加了点东西,一起给我们了。"

"加了东西?"珊珊很奇怪,"什么东西?"

"东西不坏了,你会因此了解到什么呢?"我没有直接回答,而是反问。

"了解到什么?"珊珊没想过这个问题,重复了一句,又想了一会,"说明……厂家生产的产品质量好的意思吗?"

"很对,厂家通过产品不容易坏,给我们传递了一个信息,"我说明道,"就是厂家愿意为消费者,努力生产质量高的、不坏的产品。这,就是厂家给我们加的东西。"

"哦,我明白了,可是,这有什么用呢?"珊珊说完"明白"又糊涂了,"我们也没机会再买了呀?"

"那不一定,如果厂家打算生产几年就不干了,那可能确实没啥用。可是如果它有长期打算,想一直把生意做下去、做长远,就还会有人买啊。比如,你不就关心爷爷的冰箱是哪一家生产的吗?如果你买冰箱,会不会买这一家的啊?"我问道。

"我肯定买这家,但这时间也等太久了吧?"珊珊说道。

"有了口碑,那还可以生产其他产品,"我解释道,"肯定有人买啊。"

"那倒是。"珊珊也同意我的观点。

"另外,希望产品不坏的和希望产品早点坏的,这两种厂家,你觉得它们的员工工作起来,会有什么区别?"我继续延伸。

"嗯……希望早坏的,肯定干活不认真,"珊珊边想边说道,"另一家的工人干活一定特别认真。"

"如果时间长了,比如几年过去,会如何发展?"我追问道。

"那我估计是一个越来越差,一个越来越强。"珊珊说道。

"时间再长呢?"我继续追问。

"那估计差的厂家的产品就没人要了。"珊珊预测道。

"你说得很对,"我肯定道,"现在你再回去想想最初的选择,明白了什么?"

"选择想产品早点坏、多赚点钱的,最后都活不下去;"她一边回忆,一边总结,"选择尽量不让产品坏的,都活了下来,对吗?"

"你还记得我之前跟你讨论的,百年老店很少的原因吗?"我没有回答她的问题,反问道。

"嗯……"女儿想了一下,"是因为没有本质……"

"很对,"我赞许道,"把目标定为'把东西做好',然后千方百计地努力去做到,做出高质量的产品。这,正是企业的本质啊!"

"爸爸,我懂了,"珊珊彻底明白了,"做出好东西,就能活得长久,才能笑到最后。"

管理知识

◎ 埃德加·沙因（Edgar H. Schein）于20世纪50年代末提出企业文化——前所未有地把意义和重要性附加到了企业身上。企业成为有形的生命，不再是单纯的法律概念，可以创造属于自己的世界。

◎ 组织价值观是指组织评判事物和指导行为的基本信念、总体观点和选择方针。它是一种以组织为主体的价值取向，由组织内部的绝大多数人共同认可的价值观念。具体来说，组织价值观是组织在追求经营成功的过程中，所推崇和信奉的基本行为准则。这种价值观的主要作用在于，它能够引导企业内部的所有成员达到一种共识。

拾贰·想买新手机

珊珊小时候就喜欢玩我们的手机，一直就想拥有一部自己的手机。上小学时，学校不许孩子带手机，她想买手机的愿望一直未能实现。上了中学后，为了平常联系方便，便给她买了一部手机，考虑到她也没什么特别的需要，我就替她做主，选了一个功能较普通的款式。

估计因为是第一部手机，女儿对于不同手机的差异不太了解，等拥有手机的热乎劲过去后，她就开始觉得自己手机的功能太弱，后悔在购置时没有挑选功能更强的款式了。我没理睬她的抱怨，更不想让她养成这种不爱惜东西的浪费习惯，告诉她买了就先用吧。她看没了啥指望,虽然不太甘心,但也只好用着。

上了初二,手机也用了一年了,她就开始利用各种机会,向我或是明说,或是暗示她想要换手机的想法。有一天我终于被她弄烦了,干脆给她出个难题,对她说道:"你的手机还能用,你要是想换手机,就先想办法把你的旧手机处理掉。"

听我说了这句话,她没再多说。我心想,看你怎么解决。

几天过去了,珊珊再也没提换手机的事,我估计她也没啥处理手机的好方法,也就不再把这事放在心上。

周五我下班刚进门,女儿一见到我,就对我说:"爸爸,我的手机已经处理好了。"

"哦?"我听了一愣,"怎么处理的,说给我听听。"我倒是挺好奇她是怎么处理的。

"我跟奶奶说好了,她没有手机,愿意用我的旧手机。"珊珊一脸得意地望着我说道。

"哈哈哈……"我被女儿的方案逗乐了,"奶奶退休在家,家里也有电话,要手机干吗?"

"我跟奶奶说了,她有了手机,我就可以随时发我的照片给她了,而且她还可以给我的微信留言和点赞,"女儿接着说道,"我还答应教奶奶用微信呢。"

"算你厉害!"我无奈地摇摇头,这小丫头肯定是用甜言蜜语,把疼爱她的奶奶给灌迷糊了。

"那你答应的话,要算数喔!"珊珊看我没话说了,赶紧落实买新手机的计划。

"我说过的话,啥时候不算数了,"我不太情愿地回答她,"这个周末去买新手机!"

"喔!"女儿高兴了。

第二天,到商店买了部她心仪的手机,她拿着爱不释手。

"珊珊,你知道现在手机的普及率吗?"我说道。

"我看一个人都不止一部呢。"珊珊随口答道。

"这么高的普及率,如果手机厂家还希望卖手机,你觉得要怎么做?"我问道。

"肯定不太好卖,而且手机也不太容易坏……"她似乎也没什么好办法。

"你觉得手机和爷爷家冰箱的情况一样吗?"我问道。

"我觉得……不太一样,手机是每天带着的,被别人看到的机会多得多,家里的冰箱可以与别人一样,但手机还是希望有点不一样,"接着她又补充道,"而且,每个人的手机可以不止一部。"

"你说得不错,那厂家如何才能增加手机的销量呢?"我还是回到开始的问题。

"我觉得必须迎合不同人的喜好,"她说道,"比如颜色和样式要经常变化,就像衣服一样,今年流行这样的,明年又流行不同的。"

"还有吗?"我追问。

"嗯……功能也要变强才行。"她又补充道。

"你说得很对。"我称赞了一句,说,"其实很多厂家正是这样做的,每年或是推出不同的款式,或是推出新的配色。不仅如此,每个厂家都会在新机型上使用更快的处理器,更多的存储等。"说完,我接着问:"还有其他什么可以做的吗?"

"还有?"珊珊似乎没办法了。

"你这次怎么买的新机子啊?"我提示她。

"对,先把旧机子处理掉,就像我这样。"珊珊笑着回答道。

"都像你这样!你以为每个人都有奶奶,你不想要了就有人接收啊?"我不满意她的答案。

"明白了,最好是厂家帮我们处理,"珊珊反应了过来,"这样可能加不了多少钱就可以买新的了。"

"你说得对。"我赞许道,"你现在明白如果产品还能用,厂家又希望我们早点换,能采取的方法了?"

"嗯……首先是新产品要特别有吸引力……"她又回忆了一下,

"最好还能帮我们处理掉旧的产品,可以少花钱就买到新机器。"

"那收来的旧产品,厂家如何处理呢?"我接着问。

"扔掉似乎不可以,因为还能用……"珊珊自言自语,"而且是花了钱收来的。"

"是啊!"我肯定了一句,看着她问,"怎么办呢?"

"最好想办法把它们卖掉,爸爸,对吗?"她看着我问道。

"卖给谁呢?"我马上反问。

"卖给喜欢这个品牌,又不想买新的的那些人。"珊珊想了一下说道。

"他们为什么会买呢?"我继续追问。

"我觉得……首先必须便宜,不过这都是厂家收来的,价格肯定算低的……"她想了一下,似乎想通了,接着说:"还可以把外壳换成新的,这样就像新的一样了……"她顿了一下,"还有,万一买后出了问题,厂家必须负责任,这个应该没问题。"她说完看着我,等我的反应。

"非常好!"我表扬道,"你还记得我们关于爷爷冰箱的讨论吗?"

"记得呀,"她的记性真好,"只有产品不容易坏的厂家才能活得长。"

"你觉得我们今天的讨论,与上次有关吗?"我问道。

"嗯……"她想了一下,"爸爸,你是说,这些活得长的厂家可以采取这样的办法,多卖产品吗?"

"你认为呢?"我还是反问。

"我觉得可以。"她一边说还一边点点头,似乎非常肯定。

"这样一来,有两个好处,"我看她明白了,解释道,"一是新产品必须特别有吸引力,这样就需要厂家有很强的创新能力,这就促进了厂家研发能力的提升。"我看女儿点点头听懂了,又接着说,"淘汰下来的产品,因为原本就质量好,还可以用,只要稍微翻新一下,就可以卖给那些消费能力差一点,但又希望使用好产品的人。让这些人可以用较低的价格,提前使用上好的产品。明白了吗?"

"明白了,原来想卖更多新的产品,前提就是,要让旧的产品有很好的出路。"珊珊笑着总结道。

管理实务

◎ 汽车市场。完整的汽车流通市场包括新车与二手车两部分,两者有紧密的联系。在国外成熟的汽车市场,汽车更新需求已占主导地位,二手车交易量远超过新车的交易量(欧美发达国家一般为新车交易量的1.5~3.5倍)。发达国家汽车市场的繁荣,很大程度是建立在发展成熟的二手车市场基础上的。

中国2013年全年二手车交易量为520万辆。2014年全年,国内二手车销售总量为605.29万辆,二手车与新车销量比值为1:4。而美国的二手车与新车销量比值却是4:1。欧美成熟的汽车市场一辆车从第一次上路到最终报废前交易3~5次,这个市场规模就有上万亿。

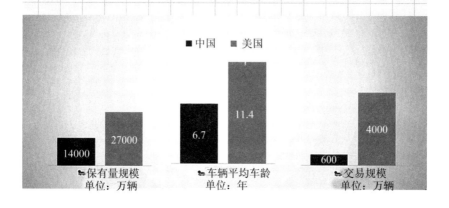

◎ 手机市场。2015年4月22日中午12:00,苹果官方翻新iPhone正式在富士康旗下电商网站——富连网上架开卖。这次开卖的翻新机包括iPhone 4(499元)、iPhone 4S(899元起)、iPhone 5(1399元起)、iPhone 5C(1199元起)以及iPhone 5S(2099元起)。由于库存有限,这批官翻iPhone在开卖不久就被抢购一空。

官方翻新机,一般是由因质量问题而退换的手机或者前期用户使用过的评测机型所组成的。厂商回收它们之后再进行二次的修复或者更换零部件,继而重新组装成一款全新产品,最终再被投放到市场当中进行再次销售。官方翻新产品都会明确地在包装以及机身内部标示官方翻新机,它们相比正常销售的全新产品有着一定比例的折扣,在价格方面相对偏低。

拾叁·爬山的节奏

好久没和女儿一起出去了,趁她刚考完试,又是周末,约了几个朋友一起,去爬城市西边的山。现在城市越来越大,原来感觉距离很远的山,开车一会就到了。

名字是山,其实并不很高,海拔也就一百多米,不过也是这一带的最高点了。在山脚下,与约好的几家人汇合,大家说说笑笑地开始登山。

刚一出发,我悄悄地对女儿说:"咱们俩趁着开始有劲,先走快点,把他们甩开,如何?"

"好啊!"女儿也是个急性子,看着他们边走边聊,说道,"那咱们快点走吧!"

于是,我们两人加快脚步,向山上爬去。

"别走那么快嘛……"后面的人叫我们。

"没关系,你们慢慢走,不着急。"我一边回答,一边继续和女儿往前走。

虽然山不高,但路还是有点陡,加上平常锻炼不多,女儿没走一会儿,就有点走不动了。

"爸爸,"她叫我,"歇一会儿吧,都已经把他们甩得很远了。"

我回头看了一下,点点头,"好,那就歇一会儿。"

说了一会儿话,珊珊远远地看见后面的人赶上来了,说道:"爸爸,看来他们还是不愿意被我们拉下,追咱们呢!"她把我拉起来,"我歇好了,咱们走吧!"加快脚步接着往山上走。

就这样,我们累了就歇,歇一会儿看见后面的快跟上来了,就起身继续加速爬,珊珊觉得很有趣,爬着爬着也不觉得累了,后面的一段路基本都没歇,一口气爬上了山顶。

上了山顶,转了一圈,才看见后面的人上来。

"你们搞什么?"妈妈一上来,就代表后面的人批评我们,"爬那么快,我们跟在后面撵,看见我们你们就跑,累死我们了。"

"我们一点不累啊!"珊珊笑着回答。

"还不累,我这天天都走好几千米的,都感觉有点吃不消了。"说话的是我的一个朋友。

看见是叔叔讲话,珊珊没再敢回嘴,吐了吐舌头,不说话了。

下山的路上,我问珊珊:"你觉得你是比叔叔们的体力好吗?"

"肯定没有叔叔体力好。"她倒是有点自知之明,回答道。

"那为什么叔叔觉得累坏了,而你却没感觉累?"我继续问道。

"是挺奇怪……"她想了一会,"是因为我们走在前面,他们在后面追,所以容易累吗?"

"你还记得我们骑车时,为什么要变速吗?"我给女儿买了一辆变速自行车,她挺喜欢,经常骑。

"记得呀,"她马上回答,"因为要保持'踩频'。"

"不错不错,还记得'踩频'这个词,"我高兴地说,"为什么要保持踩频?"

"因为踩踏板的时候,如果频率老变化,就会很容易累。"女儿真不错,我教她的都没忘记。

"很对!"我说,"如果我们踩踏板忽快忽慢,骑不了一会儿,就会累了,所以变速器的目的就是根据路况,用前后飞轮不同的配合,保证我们踩踏板的频率保持匀速。这样才不容易累。"

"这跟爬山有什么关系呢?"珊珊看我突然把话题扯远了,有点不解。

"我们无论做什么事,节奏都很重要,一旦节奏乱了,就容易出问题。"我解释道。

"哦,我明白了。"珊珊恍然大悟,"你的意思是咱们今天爬山,叔叔们的节奏不对,所以容易累。"

"哈哈……"我看她明白了,笑着继续问道:"那他们的节奏是怎么不对的?"

"是因为我们,"她回答道,"是我们弄乱了妈妈和叔叔们的节奏!"

"你仔细说说。"我问道。

"我们一上来就通过先走和快走,把他们拉下了距离,他们就想追上我们。"珊珊边回忆边说,"可每次他们快追上了,我们又休息了一会,又有体力了,所以他们也不能好好休息,就越追越累了。"

"你说得对!"我赞许道,"很多时候,我们做很多事都可以通过这种方式,获得'先发优势'。"

"先发优势……"珊珊嘟囔了一句,"我们今天就是靠先发优势把他们累坏了的,对吗?"

"是的,"我肯定她的解释,"那么,你觉得他们会不会永远都追不上咱们了?"我继续问道。

"那肯定不是……"女儿马上答道,"如果山再高一点,路再远一点,他们可能就要赶上我们了。"

"为什么呢?"我问她。

"因为毕竟妈妈和叔叔们体力比我好,"她回答,"时间长了,估计我还是不行。"

"那如果想让他们始终追不上,该怎么办呢?"我接着问。

"那我觉得,就要凭实力了。"女儿答道。

"如果他们先出发了,你觉得会是什么结果?"我换个角度又问道。

"那无论再远,我们都不可能追上了。"女儿马上说道。

"是的,无论做什么事,如果提前准备,是有可能凭借某种方式,获得先发优势的。"我说道,"但这维持的时间不会太长。最终的胜利,还是要靠真实水平的。"看到女儿点点头,我又补充道:"假如你本来就不如别人,还不先出发,那就永远没机会了。"

"爸爸,我懂了!"女儿明白了我的意思,对着我一握拳头,"下次,咱们靠实力说话!"

管理知识

◎ 先发优势,是领先技术和产品带来的持久的竞争优势。在高技术产业中,企业往往会为了成为第一个开发出革命性新产品而竞争,成为先行者。先行者对于革命性的产品居垄断地位。如果新的产品满足了顾客未能满足的需求并且需求很大,则先行者可以获得极大的收入和利润。

先发优势来自以下方面:

(1) 先行者有机会封杀竞争对手的技术。

(2) 先行者可以建立重要的品牌忠诚度,后来者很难打破。

(3) 先行者可通过规模经济和学习效应实现成本优势。

(4) 先行者为使用它的顾客创造了转换成本。

(5) 先行者可能积累起关于顾客需求、分销渠道、产品技术、工艺技术等的有价值的知识。

◎ 先发的劣势：

（1）先行者需要承担重大的"领先成本"，而后来者则不必。

（2）先行者更容易犯错误，因为新市场面临着许多不确定性。后来者可以从先行者的错误中学习，对产品进行改善，向市场上投放品质更佳的产品，夺取先行者的市场份额。

（3）先行者可能错误配置资源和能力，因为早期顾客并不具备大众市场的特征。

拾肆·新开的洗车房

车好久没洗了,今天天气不错,带着女儿一起去家附近的洗车店洗车。

刚一拐弯,女儿就看到洗车店门口又排了很长的队,"爸爸,怎么每次来都要排队啊?"最近女儿的时间感越来越强,不喜欢排队。

"现在私家车多了,生意好了呗!"我随口回答,把车开向排队的尾部。

"爸爸,等等,"女儿不让我排队,指着远处的一个店面,"那儿有一家店洗车的人好像很少。"女儿眼尖,看到了一家不远的新开的店。

"可我们买了这家店的洗车卡啊!"我说道。

"爸爸,这里的车排得太多了,我们还是去

那边看看吧。"女儿看来实在不想等,央求道。

"好好好,去看看。"我答应了女儿,把车开向那家新店。

刚开到门口,马上就有人上来招呼:"先生,您可以下车进去休息,洗好了我们会进去通知您的。"

珊珊一看这服务,赶紧问:"多少钱洗一次?"

"58元。"服务员回答道。

珊珊不太懂行情,转头看着我。

"好,在这洗吧!"我看价格不算吓人,回答道。

"爸爸,原来咱们洗车多少钱?"一下车,珊珊悄悄问我。

"25元。"我回答。

"那贵了一倍多啊,难怪这里人少。"珊珊有点惊讶。

"贵有贵的道理啊,你看这家店的条件确实不错啊。"我一边往里走,一边回答。确实这家店休息区和洗车区都设计得不错,工作人员干活的态度也很认真。

"可是贵得太多了。"珊珊还在嘀咕价格的事儿。

"好,那我问你,如果让你在原来洗车店的旁边新开一家,你会开什么样的?"

"嗯……"珊珊想了一会,"我要开,就比原来那家价格便宜的!"

"为什么?"我问道。

"你看,原来那家排长队,我在旁边开一家,服务跟他一样,价格比他便宜,又不用排队,不就很容易压过它了吗?"珊珊说道。

"你说的排队,其实指的是等待时间的问题,你还提到了服务和价格这两点,你把这几点按照重要性排个次序。"我说道。

"我觉得等待时间最重要,价格其次,服务我觉得洗干净就行了,所以其重要性最低。"她想了一下,回答道。

"哦,既然这样,那我来打个比喻,现在我们来的这家就好比是老店,原来的那家好比是你开的新店,价格比较便宜,"我说道,"你会选择哪一家?"

"嗯……"珊珊支吾了。"爸爸,我明白了,其实等待时间和价格是有关的,"她接着说,"我开一家便宜的,排队的就是我们了。"

"哈哈……"我笑了,接着延伸问:"那你分析一下,什么样的人不想排队,或者说不希望多等候?"

"嗯……"她仔细思考了一阵,"我觉得是认为时间比较宝贵的那些人,"看我没说话,她又解释道:"就是宁愿多花20多元钱,也不想等的人。"

"是的。"我认可了她的回答,

"假设有两种人,一种是宁愿多花钱也不愿意等的;另一种是宁愿多等会儿,也希望能价格便宜的。"我先做了个分类,接着说,

"如果你开店的话,你选哪种人?"

"我愿意要第一种。"她没有丝毫犹豫。

"为什么?"我问道。

"我花同样的时间,干同样的事,能有更高的收入啊。"小丫头倒是挺明白。

"对,能在单位时间内为你带来更多收入的,往往是你的高端客户。"我解释道,"当然还有一类,能为你带来更多客户的,也是你的高端客户。"

"原来这叫'高端客户'。"她重复了一句。

"当然还有两类:既愿意多花钱又愿意等,以及不想等还想便宜的,"我补充道,"这两类人数太少,先忽略不计。"

"爸爸,我明白了,我不能开价格低的店,那样的话就把'高端客户'留给别人了。"珊珊找到了关键点,接着感慨道:"其实开店挺不容易的,既要把每天的事做好,还要防止别人抢生意。"

"那如何防止呢?"我继续追问。

"我觉得关键是'高端客户',"但她马上就意识到了另一个问题,"可我怎么才能早点区分哪些是高端客户呢?"她又回到了经营的视角。

"你觉得怎么办呢?"我马上反问。

"我总不能自己开一家价格高的店吧?"珊珊似乎没什么办法,想了一会自言自语道。

"如果给你一个任务,在低一年级中选择几个同学,去参加数学竞赛,你怎么选?"我启发她。

"这个容易,不就是找到数学好的学生吗,"她没有丝毫犹豫,"做题呗,出几道题,看看做的结果就知道了。"

"这些题目起到了什么作用?"我问道。

"什么作用?"珊珊似乎没太明白,"不就是挑选吗?"

"是筛选,"我解释道,"是把会做题的筛出来,所以题目是个'过滤器'。"

"过滤器,"她重复了一遍,笑着说:"你这个比喻好形象。"

"之所以用做题这个'过滤器',"我没理她,继续问道,"其实你假设了什么?"

"假设?"她一时没反应过来,想了一下,"假设会做的,都是数学好的呀,对吗?"

"是的。"我肯定道,"所以,你必须提前判断数学好的人的特征,然后根据这个特征出题,才能把他们筛选出来,对吗?"

"爸爸,我懂了。"珊珊恍然大悟,"我必须分析出'高端客户'的特征,才能筛选他们。"

"说得对!"我赞许道,"那你会出什么样的题目呢?"

"题目……"珊珊顿了一下,"我现在不知道,但等我分析出了特征,我就知道了!"

"哈哈,你说得对!"我笑着说,"不知道东西的大小,怎么能定制出合适的筛子呢!"

管理知识

◎ 客户细分,是20世纪50年代中期由美国学者温德尔·史密斯(Wendell Smith)提出的,是指企业在明确的战略业务模式和特定的市场中,根据客户的属性、行为、需求、偏好以及价值等因素对客户进行分类,并提供有针对性的产品、服务和销售模式。其理论依据在于顾客需求的异质性和企业需要在有限资源的基础上进行有效的市场竞争。

拾伍·家教的任务

女儿上了初中后,课程的深度大大增加,虽然一直在班里还是名列前茅,但经常会有一些题目弄不懂,我就要担当起解答的任务。不过毕竟历时已久,珊珊有时候问我一道题目,我常常得把她的书拿过来,好好"复习"一下,才能回答她的问题。这样的次数多了,珊珊就有点不太满意了,有一天终于忍不住了,对我说道:"爸爸,我觉得你还不如小张哥哥呢!"小张是我的学生之一,因为女儿有时候放了学,在我的办公室里写作业,也就和小张以及其他学生们都混熟了。

"哦?哪里不如他啊?"我好奇地问珊珊。

"每次我问小张哥哥题目,他都很快就告诉我怎么做,也没有要看我的书啊。"珊珊解释道。

女儿在办公室做作业,一般有了不会做的题目,往往就直接问学生们了。听到她这样说,于是我说道:"既然这样,我就请他做你的家教如何?"

"好啊!"珊珊很高兴。

于是,我请了小张每周固定时间帮姗姗辅导功课。过了一段时间,我注意到每次小张来似乎也没什么事,到时间就回去了。我倒也没太放在心上。

这天晚上在家看羽毛球决赛的直播,女儿其实平时不怎么关注羽毛球,大概白天在学校听到同学们谈起了今晚的两名选手,有了兴趣,也挤在我旁边,陪我一起看。不过她除了知道选手的名字之外,其他的基本不知道。我一向鼓励她能够兴趣广泛些,所以一边看,一边给她讲解。

"爸爸,为什么他们不打了?"女儿看见两个人分别走到了场边,跟教练说起话来。

"哦,这是一名队员叫了'暂停'。"我解释道,"如果哪位选手感觉当时的形势不太好,可以有一次叫'暂停'的权利,一方面可以稳定一下情绪,还可以与教练讨论一下。"

"教练还不如他打得好,讨论什么呢?"她有些不解。

"就算比他打得好也没用啊,又不能下场去打。"我开了句玩笑,接着问道,"那你觉得教练和他讨论什么?"

"讨论怎么赢呗。"珊珊对于这个还是很清楚的。

"那怎么赢呢?"我继续问道。

"嗯……"珊珊想了一下,"我觉得教练坐在旁边,旁观者清,一定发现了对手的很多破绽,所以利用暂停的机会告诉自己的队员,这样就能打赢了。"

"你说得对,"我肯定道,"但有时候知道了破绽,也不一定就能赢的。"

"那倒是,"珊珊说道,"还是要看场上的发挥。"

"对了,"我想起了小张的事,随口问道,"你的教练怎么样啊?"

"不怎么样。"珊珊似乎不太满意。

"哦?怎么回事?"我有点奇怪,"你不是觉得他很厉害吗?"

"那倒是的,每次我不会做的题目,他都会做,"她说道,"但是我总是觉得对我的帮助好像不大。"

我有点明白了,换了个话题,"你觉得教练除了在比赛的场边指导队员之外,回去后他平常都做什么啊?"我问道。

"嗯……平时,"珊珊一下没反应过来,想了一下说,"不是带他们训练吗?"

"训练什么呢?"我问道,"这些队员都基本是世界上'最厉害'的选手了。"我强调了"最厉害"这个词。

"嗯……"珊珊想了一下,"我觉得教练是总结选手的不足,帮助他们改善。"

"你觉得这个事容易做吗?"我追问。

"应该不容易,"珊珊答道,"因为这些选手的水平都已经非常高了,缺点都应该不太多了,要找到不足,估计也蛮难的。"

"如果你是教练,会怎么找?"我抛了个难题给她。

"嗯……"她确实被难住了,想了一下,"我觉得就是要从比赛时输球的地方去找原因,再有针对性地改善。对吗?"

"教练比赛时的现场指导和回来后的总结改善,这两者之间有什么区别吗?"我没回答她的问题,反问道。

"区别?"这个问题似乎更难,珊珊沉思了一阵子后,说:"我觉得是解决不同的问题,现场指导是解决马上赢比赛的问题,回来后的总结改善,是提高自己的问题。"

"非常好!"我赞许了一句,"现场指导是针对对手短板的,而平时训练是针对自己短板的。你觉得这两者之间有区别吗?"我解释完后问道。

"应该有,"珊珊这次反应很快,"对手和自己的短板,肯定不是完全相同的。"

"哪个更重要?"我马上追问道。

"肯定是解决自己的短板更重要。"珊珊答道,"针对对手的短板,只是针对一个人而已啊。"

"其实这个道理说出来大家都明白,"我解释道,"但是一旦到了高手的境界,对手一般并不多。很多时候,解决了一个人,似乎收益也很大,大家就忘记了刚才那个道理了。"

"如果这样的话,那当了第一名,把别人都打败了,不就没啥动力提高了吗?"珊珊明白了道理,延伸说道。

"是啊。"我肯定了女儿的话,问道:"如果立下了第一名的志向,还希望持续领先,该怎么做呢?"

"那就应该不断修补自己的短板,"珊珊毫不犹豫地回答道,"不要总想着赢别人,而是要不断提升自己。"

"那参加比赛的目的是什么呢?"我又追问了一句。

"我觉得应该是为了更好地找到'自己'的不足。"女儿回答道,还特别在"自己"上加重了语气。

"那么,现在你明白你需要的家教了?"我把话题扯了回来。

"嗯……我明白了。"她彻底明白了我的意思。"做题目就好像是比赛,做出来了就好像是赢了对手。"她顿了一下,继续说道,"当我不会做的时候,不仅要教练教我如何赢下对手,更重要的是发现我的短板,然后有针对性地训练我。"

"你现在面对的是什么问题?"我让她自己分析。

"现在我的家教只是帮我在现场战胜了对手,"她分析得挺清楚,"平时却没有帮我针对短板训练。"

"那该怎么办呢?"我希望能够解决问题。

"要不,"珊珊有点不想自己面对,"爸爸和小张哥哥说一下吧?"

"嘿嘿,"我笑了一下,"这事我可不管,你听说过选手和教练沟通,还找人传话的吗?"

"好吧。"她看到没有成功,悻悻地说道:"我就知道还是得我自己解决!"

"跟人沟通可不是你的短板。"我笑着对她说,"来,接着看比赛,马上就要出冠军了。"

拾伍·家教的任务

管理知识

◎ 木桶理论，由劳伦斯·彼得（Laurence J. Peter）提出，是指一只木桶想盛满水，必须每块木板都一样平齐且无破损。如果这只桶的木板中有一块不齐或者某块木板下面有破洞，这只桶就无法盛满水。即一只木桶能盛多少水，并不取决于最长的那块木板，而是取决于最短的那块木板。也可称为短板效应。

拾陆 · 拼图游戏

女儿喜欢上了拼图,起源于我出于锻炼思维的角度,送给她的一个30块的拼图。没想到珊珊一玩完,就上了瘾,逐渐地,块数少了就会觉得难度太低。于是现在一般都是挑战500块的了。每拼好一副,就拿去装在镜框里,挂在家里的走廊里,成了家里的一道风景线。

我今天到家早,女儿还没回来,我踱进女儿房间,地板上放着珊珊尚未拼完的图,我坐在地上,随手翻捡旁边的一堆零片,打算帮女儿拼点。

门开了,珊珊回来了,走进房间,我看她似乎情绪不太好,也不搭理我,于是旁敲侧击地关心道:"今天在学校怎么样啊?"

"别提了,"她一脸的不高兴,"我们发了前几天考试的卷子,我附加题没做对。"

"附加题一般都会难一点,不会做也很正常啊。"我随口安慰道。

"确实有还没上过的内容,可是我之前是看过那部分的知识的,"珊珊经常会提前预习比较多的内容,"而且我还做了那一节后面的习题,当时也都会做的。"她仍旧气鼓鼓的,看来还是在生自己的气。

"别生闷气了,"我岔开话头,"把卷子拿给我看看,我帮你分析分析。"

珊珊从书包里拿出考卷,递给我。我看了一下,题目不是很难,但是很综合,涉及的知识点很多。于是问道:"你知道这道题目的难点在哪儿吗?"

"难点……我就觉得比较复杂,"她想了一下,"要考虑的问题点很多。"

"是的。"我同意道,"这道题目涉及的概念和知识点很多,虽然都是你学过的,但如果你对于这些知识点不是非常熟悉、感觉模糊的话,就很容易出错。"

"可是我把每一节的习题都做了呀,"她似乎还是没有完全明白,"而且都做对了啊?"

"每一节的习题,往往都是针对该节的知识点,"我解释道,"换句话说,就只有一个概念。你做对了,只能说明你搞明白了这一个点而已。"我看女儿同意了我的话,接着说道:"但即使搞明白了每一个点,也不一定就会做综合题目。"

"嗯?"女儿似乎还是没完全听懂。

"因为综合题目中涉及很多知识点,"我看女儿点点头,"所以知识点之间的关系,才是难点和考点。而每一节后面的习题,一般是不会涉及这些关系的。"

"爸爸,我懂了。"珊珊明白了,"那看来我以后除了做每一节的习题,还应该多做些综合题目,是不是就可以了?"

"这肯定是有帮助的。"我首先肯定了她的提议,"但是,知识点很多,而且随着你年级的提升,知识点会越来越多。你学过排列组合,它们之间关系的数量会有什么样的变化?"我正好考考她排列组合的知识。

"每增加一个……"珊珊可能觉得表述比较麻烦,索性走到房间里的白板前,写了个式子:$0+1+2+3+4+5+6……$写完解释道:"1个点关系数为0,2个点关系数为1……"

"你这还只是两两点之间的关系，"我打断她，"如果加上多多关系呢？"

"那就更多了……"说着，她又开始写式子。

"好的，看来排列组合掌握得不错。"我看了她的式子列得正确，夸奖了一句，又回到刚才的话题，"这么多的关系，做题目做得过来吗？"

"嗯……"珊珊还在琢磨白板上的式子，听到我的问题，愣了一下，回答道，"那……确实是……有点做不过来。"

"能够用学的知识解题，当然是必要的，"我说道，"因为学习的目的就是从'学到'到'会用'，能够'会用'，就说明你确实掌握了知识。但这中间的流程是什么样的？"

"流程……"珊珊似乎没想过这个问题，思考了一下，"我觉得是要记住，老师都要求我们把概念背下来。"

"你背了多少英语单词了？"我换了个问题。

"单词……"珊珊没反应过来，自己估摸了一下，"大约有两三千吧！"

"平常交流中，你能熟练使用的单词大约有多少？"我继续问道。

"那应该没多少，大约……几百个吧。"她回答道。

"那看来记住未必就会用啊?"我马上反问道。

"嗯……"她明白了我这几个问题的意思,"那看来从'记住'到'会用'中间,还有其他的流程,对吗?"

"你觉得还有什么流程?"我没回答她的问题,继续追问。

"嗯……"她想了一会,突然明白了,"关系!关系!"她大叫道。

"关系?什么意思?详细说说。"我装作没明白。

"单词的使用,需要了解词汇之间的关系,"她解释道,"关系搞清楚了,就可以用更多的词汇了。"

"那些就是'语法'和'句型',就是告诉我们词汇之间、句子成分之间和词性之间的关系的,"我解释道,"只有明白了这些关系,才能够把更多已经记住的词汇,在交流中熟练使用了。"

"爸爸,我明白了。"她兴奋地说,"'记住'和'会用'之间,还有一个流程,就是找到关系。"

"很好,你看你这张图,"我指着地板上的拼图,"你如果想更快地完成,需要做什么?"

"我想……"珊珊看着图,想我为什么突然问这个,"也是关系!"她明白了,"我要找到零片之间的关系。"

"有关系吗?"我追问道。

"当然有了,"拼图玩了这么久,她很有经验,"每个零片的形状、颜色、图案……都是关系,"她说了几点,又补充道,"爸爸,其实我原来就是按照这个方法拼的,先找关系,再开始一部分一部分地拼,最后完成所有的图。"

"那你觉得关于知识的运用,是怎么样的呢?"我回到最初的话题。

"爸爸,我觉得知识的使用也是类似的,"珊珊想了一下我的问题,"光做题,是被动地去寻找知识点之间的关系,以后我应该主动地思考新知识点与已有知识之间的关系,这样不仅更容易记住和掌握,也能更好地使用它们来做题,对吗?"

"你看,"我没直接回答她的问题,指着地上未完成的图和零片说,"如果你不能把这些零片填进图里,这张图就无法完成。图没完成,也就没啥用处了,至于零片,也就成了废纸了啊!"

管理知识

◎ 知识管理(Knowledge Management),是彼得·德鲁克于1965年提出的。他认为:"知识将取代土地、劳动、资本与机器设备,成为最重要的生产因素。"知识管理是在组织中建构一个知识系统,让组织中的信息与知识,通过获得、创造、分享、整合、记录、存取、更新等过程,达到知识不断创新的最终目的,并回馈到知识系统,个人与组织的知识得以永不间断地累积,有助于企业做出正确的决策,以因应市场的变迁。德鲁克认为:"21世纪的组织,最有价值的资产是组织内的知识工作者和他们的生产力。"

拾柒·创新的起点

现在,创新已成为坊间最热的话题,电视上经常有创新的比赛,我也经常作为评委,参加创新创业的赛事活动。连女儿的课程里,也有了很多关于创新的内容,还设立了很多中学生可以参加的比赛。

今天珊珊一见到我,就问:"爸爸,我在想一个问题,怎么样才可以创新呢?"

"哦? 你怎么想起这个问题?"我好奇地问道。

"因为我觉得创新很难啊!"珊珊回答道。

"难在哪里呢?"我问。

"因为你做的别人都已经做了,很难做得跟

别人不一样啊!"她感慨道,"要是还想超过别人,那就更难了。"

"那创新的目的是干什么呢?"我开始反问。

"嗯……不是超过别人吗?"她犹豫了一下,"大家都在比赛创新啊,我们中学生也有创新赛呢!"

"你这么认为?"我有点诧异,"我们曾经讨论过学习和成绩的关系问题,你还记得成绩是什么吗?"

"成绩……是检验学习的效果啊。"她想起来了。

"那怎么创新的目的反而成了参加比赛获名次了?"我反问道。

"哦,我明白了。"她反应了过来,"那创新的目的和学习的目的是一样的,也是为了提高自己,对吗?"

"那怎么提高呢?"我看她明白了,于是继续追问。

"嗯……"她想了一下,"我前一阵子发现了一个背单词的小窍门,不知道算不算提高?"

"哦? 说来听听。"我挺有兴趣。

"我发现之前背单词的效果不是很好,"她说道,"每次我背了新单词,原来都是隔了两天才复习,可能是间隔时间有点长,所以很容易忘记。后来我连续每天复习一次,过三天后再停几天,效果就好了很多。这算是创新吗?"

"当然算啦,首先你有了改变,然后又产生了好的结果。"我回答道。"除了背单词这件事的效果好了,你还有什么收获吗?"我接着问道。

"嗯……我觉得这个方法不仅背单词可以用,像语文啊、历史啊,其他科目里需要记忆的,也可以用。"她想了一下,回答我。

"很好,如果这样的话,就不仅是一个小变化了,"我接着她的话说,"这已经是方法改变的层面了,可以算比较大的变化了。"

"而且我还有一个收获,"得到了我的肯定,她有点兴奋,接着说,"我发现最好是每天早上起来背单词,效果更好。"

"为什么呢?"我对她不断深入总结很感兴趣。

"因为我早上的时候,记忆力似乎比较强。而晚上的时候,适合做练习,特别是做数学和物理题目的效果比较好。"

"太棒了!"我很高兴,"你这又高了一个层级了,开始去了解自己的特征了。"我接着说,"那你现在对不同科目的学习,做了什么有针对性的调整吗?"

"当然啦,"看来她已经实施了,"我这样每天可以节约不少时间呢!"

"那你现在明白创新的方法是什么了?"我回到创新的问题。

"嗯……就是不断发现自己的问题,然后进行改进……"她一边想,一边说,"改进了之后再总结,发现自己的特点,再进行更多的调整。"她最后总结,"这样做的目的,就是我做任何事的效率都会越来越高。"

"所以创新要从哪儿找到?"我把女儿最开始跟我提的问题还给她。

"从我自己平常的做事中来发现,对吗?"女儿突然明白了,"我要用成绩和分数这个结果,回去总结平常的做法。"

"成绩一考试你就知道了,"我继续问道,"但平时的做法,怎么知道呢?"

"嗯……那必须平时的做法要有规律,"珊珊想了一下,"这样就比较容易对照改进了。"

"你说的这几个方面,我告诉你几个词,"我接着说道,"养成规律叫做'固化'。养成规律之后就等于有了记录,这些记录和成绩就叫做'量化'数据。等做了一段时间之后出现了结果,就可以回过头来,对比记录和结果进行分析与改进了,这些改进就是'优化'。"

"'固化'……'量化'……'优化'……"这些词对珊珊而言都很陌生,她一边琢磨,一边自己嘟囔着这些词,"爸爸,我明白了。"看来她想通了,"其实这是个循环过程,先有了固化,然后量化,最后再优化,优化转回来后又要固化了,对吗?"

"非常对,就是这样的。"我肯定道。

"原来这就是不断创新的办法了。"她兴奋了,自言自语道。

"等等,其实你以前还做过很多事啊,你看,玩过篮球、参加过跳舞班……为什么之前似乎没有这样的'创新'啊?"我没理她在那儿自言自语,半开玩笑地继续追问。

"嗯……"女儿没想到我会这样问,愣住了。

"是因为你原来只认为学习效率高比较重要,而不关注其他那些方面吗?"看她不说话,我问道。

"应该不是,我在做那些活动的时候,其实也是很想玩好的……"她有点迟疑,似乎不同意我的看法。

"那是为什么呢?"我问道。

"我觉得……"她一边回忆,一边说,"是因为做那些活动的时间太短了,一般只有一个假期……每个假期都会换一个活动,所以来不及发现什么问题。"确实,女儿每个假期都想尝试点新鲜的活动。

"所以,你明白关键点了?"我继续启发道。

"明白了,其实很多的事情,只有做得时间长了,才能够发现问题,然后才开始去解决问题。"珊珊想明白了,接着说道,"一般从这个时候,才能开始进入固化、量化和优化这个不断提高的循环过程。"

"做得久了,固然能发现问题——不发现问题,哪里知道怎才能提高,但发现问题还不是最重要的。"我解释道。

"那什么才是最重要的?"珊珊问道。

"最重要的是你还能区分所发现问题之间的关系,明白解决问题的次序。"我解释道,"这就需要花上更久的时间啦。"

"问题之间的关系……次序……"珊珊重复着我提到的词语,看来这对她而言难度太高了。

"所以,你现在真正明白创新的起点了吗?"我把她从思考中拽了回来,又一次提出她最开始问我的问题。

"爸爸,我懂了。"珊珊答道,"坚持,才是创新的起点!"

管理知识

◎ 记忆曲线。德国心理学家 H. Ebbinghaus 研究发现，遗忘在学习之后立即开始，而且遗忘的进程并不是均匀的。最初遗忘速度很快，以后逐渐缓慢。他认为"保持和遗忘是时间的函数"，他用无意义音节（由若干音节字母组成，能够读出，但无内容意义，即不是词的音节）做记忆材料，用节省法计算保持和遗忘的数量，并根据他的实验结果绘成描述遗忘进程的曲线，即著名的 Ebbinghaus 记忆曲线。

记忆曲线是在实验室中，经过大量测试后所产生的记忆数据，研究得到的一种曲线，是一个具有共性的群体规律。记忆曲线并不考虑被试验人的个性特点，而是寻求一种处于平衡点的记忆规律。

但是具体到每个个体，因为个体的生理特点、生活经历不同，可能有不同的记忆习惯、记忆方式、记忆特点。

◎ 自我管理与自我认知。自我管理是指个体对自己本身,对自己的目标、思想、心理和行为等表现进行的管理,自己组织自己,自己管理自己,自己约束自己,自己激励自己,最终实现自我奋斗目标的一个过程。自我认知是对自己的洞察和理解,包括自我观察和自我评价。自我观察是指对自己的感知、思维和意向等方面的觉察;自我评价是指对自己的想法、期望、行为及人格特征的判断与评估,这些都是实现自我管理的重要条件。

拾捌·成长的路径

女儿的学校鼓励学生们种植一些绿色植物,养大了还可以拿到学校,放在教室里。既让孩子们有机会观察植物的生长,又美化了教室的环境。于是,女儿在家养了一棵文竹,每天浇水,放学回来的第一件事就是去看看她的宝贝植物。

这个周末天气不错,珊珊把文竹搬到了窗台上,自己也坐在窗户旁边看书。看了一会儿书,突然她抬头问我:"爸爸,书上说'成长的道路是曲折的',这句话是什么意思?"

我把她手上的书拿过来,翻了一下,是一个人物的故事,作者在介绍人物时,用"成长的道路是曲折的"来概括主人公的成长历程。女儿问的正是这句话。

"你对什么方面不明白?"我一边把书递给珊珊,一边问道。

"我不太明白为什么是'曲折'的。"她说道。

我想了一下,指着窗台上的文竹,问她,"你为什么对这棵文竹这么关心呀?"

"老师说,我们就像小树一样,每天在爸爸、妈妈和老师们的关心下茁壮成长。"女儿把老师们的教导转述给了我,接着说,"这棵小文竹也需要我的关心,才能茁壮成长啊!"

"原来你是希望文竹和你一起陪伴成长啊!"我恍然大悟。

"是啊,你看刚买来的时候,它只有这么点高,"珊珊用手比划着,"现在已经长这么高了。"

"所以你觉得成长就应该是像文竹这样的,对吗?"我笑着问她。

"是啊。"她说道。

"那你成长得怎么样啊?"我问道。

"我也长高了啊!"女儿似乎对我的问题有点奇怪。

"我是说'成长'!"我把"成长"特别加重了语气。

"成长……"女儿似乎有点不知道如何回答。

"成长和长高是一样的吗?"我看她不说话,启发道。

"嗯……不一样,"珊珊答道,"长高只是成长的一部分,成长的因素会更多。"

"那每个人的成长都一模一样吗?"我追问道。

"不完全一样。"她说道。

"那看来你的成长和文竹还是不太一样的,"我接着问道,"你能用更形象的比喻来说明成长吗?"

"更形象的比喻……"珊珊似乎没有好的想法。

看她在那儿苦思冥想,我走到书架前,找了一本书,翻开找到一页,递给珊珊,"你看看这一部分。"

珊珊接过去,"蟒蛇?"她念了一下标题,看我没说话,低下头看了起来。

"爸爸,蟒蛇的长大很有意思。"珊珊看完了这一段,抬头对我说道。

"怎么有意思?"我问道。

"一条小蟒蛇要变成巨蟒,需经过很多次蜕皮。"她说道。

"怎么个蜕法?"我继续问道。

"书上说,蛇一般每年要蜕皮2~3次,多的能达到十多次。每蜕完一次皮,它就成长了一次。"她看着书,向我说道。

"蜕皮的过程你注意到了吗?"我指着书问。

"我看到了,因为每次蜕皮不太容易,所以它都要借助树枝、岩石、草等障碍物来帮助蜕皮。"她没有看书,直接回答我。

"为什么不容易?"我追问道。

"这个书上没有写,"她看书挺仔细,书上确实没有这个内容,"我觉得是因为之前皮是长在身上的,不太好蜕,所以借助其他东西,这地方蜕一点,那地方再蜕一点,最后就全部蜕掉了。"她一边想一边说道。

"你现在明白'曲折'的意思了吗?"我回到刚才的话题。

"嗯……"她似乎还是没想通。

我拿过来一张纸,在纸上一边画,一边说,"你看,这个圆圈就好比最初我们的能力,受能力所限,我们大部分的活动只能在这个圆圈内开展。"我指着中间的圆圈。

"嗯。"珊珊点点头。

"偶尔的时候,某个活动突破了一下圆周,"我向圆圈外画了一条线,"但因为其他能力还是很有限,又被拽回去了。"我又往回画了一笔。

"就像这样我们一次又一次往复,提升了一个方面,又发现还是有问题,于是再提升对应的能力,"我一边说,一边画着锯齿线,"逐渐地,我们可以离圆的边界越来越远了。"

"那就是说明我们各方面的能力都越来越强了。"珊珊逐渐看懂了,开始插话。

"对,当我们达到这个阶段的时候,"我把锯齿线基本沿着圆的外围转了一圈,"我们的能力变成什么样了呢?"我问珊珊。

"我觉得应该是这样的。"珊珊拿过我的笔,画了一个更大的、近似圆圈的封闭曲线。

"这时候跟之前比,"我问道,"发生了什么变化?"

"所有的能力都提高了。"珊珊明白了,"爸爸,我明白了,这就是我们的成长过程。"

"你明白'曲折'是什么意思了?"我还是又问了一句。

"就是这些锯齿,"珊珊指着我们一起画的图,说道,"提高了这个,又发现了新问题;解决了这个问题,又有了新的发现,再去解决……"

"你说得很对!"我赞许道,接着又问:"你认为成长的过程里,你会是怎么样的感受呢?"

"嗯……"她犹豫了一下,"我觉得可能跟蛇的蜕皮很类似,会是很痛苦的感觉,好不容易在某一方面进步了一点,可又发现了新的、之前不知道的不足,只有不断去努力,才能实现成长。"

"其实也不只是痛苦,因为当你发现自己的不足,其实你就已经可以意识到自己又有进步的空间了,这也是一件值得高兴的事啊!"我解释道。

"那……倒也是。"珊珊似乎彻底想通了,跟我开起玩笑,"爸爸,我觉得你似乎总是喜欢给别人空间。"

"哈哈哈……"我哈哈大笑,"这是批评我还是表扬我啊?你是不是觉得我平时批评你多了?"

"那倒不是,"她连忙解释,"我是说你总是喜欢挑人家公司的毛病。"

"其实,不仅人的成长是这样的过程,"我又指着图说,"任何企业的成长,也是同样的。企业越大,人员越多,就越难发现成长的空间啦。"

"那以后如果有人给我空间,我就要感谢他呢!"女儿笑着说道。

"说得对!"我马上赞扬道,"这,更是我们的成长呢!"

管理知识

◎ 组织成长阶段模型。企业组织如同人体一样,有其生命周期,企业发展壮大的历程要经过不同的发展阶段,每一阶段都具有其独特的组织结构特征。从企业组织结构的特征来看,大体可分为5个阶段,这就是组织发展阶段模型。如图所示,这个模型的纵坐标表示组织规模,横坐标组织表示年龄。

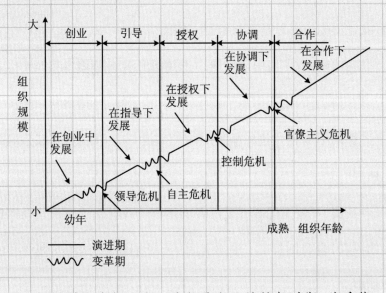

(1) 创业阶段。这一阶段是企业的幼年时期,关系简单,企业的决策是由少数高层管理者做出的(企业能否生

存发展，完全取决于高层管理者的素质和能力)，企业组织结构相当不正规，对协调的需要还很低，只存在着非正式的信息沟通。

(2) 引导阶段。这一阶段是企业的青年时期，企业人员增多，组织不断扩大，决策量增多，创业者让位给能干的职业经理人，产生了建立在职能专业化基础上的组织机构，各项职能机构之间的协调问题越来越多，信息量增加，信息沟通变得越来越重要，也越来越困难。

(3) 授权阶段。这一阶段是企业的中年时期，随着企业经营范围的扩大，由职能机构引起的问题增多，高层管理者将权限和责任委托给下属的产品、市场或地区经理，建立起以产品、市场或地区为基础的事业部组织机构。高层管理者不再负责日常的管理事务，向下发布命令的次数减少了，控制的信息主要来自各事业部的报告，但是伴随着分权，往往又产生对事业部的失控问题。

(4) 协调阶段。这一阶段的企业建立了正式的规则和程序,为了加强对事业部的指导和控制,在企业总部与事业部之间建立新的层级,负责下属有关事业部的战略规划和投资回收,并在总部设立监督部门控制和检查集团各部的经营战略。这些正规的措施有利于增强各事业部之间的相互配合,但可能带来文牍主义,影响工作效率,阻挠创新,甚至导致企业走向衰败。

(5) 合作阶段。这一阶段的企业更加强调管理活动要有较大的自觉性,强调个人间的主动合作,引入社会控制和自我约束新观念,精简正式体系和规章制度,将奖励的标准改为协作表现和创新实践,成立小组和矩阵式组织结构,将企业的重要权力再收回到企业高层管理者手中,同时努力增强组织的适应性和创造性。

拾玖·便利店的生意经

当初买房子的时候,看中的正是小区位置的闹中取静。没想到才短短数年,小区门口的马路上就陆续开了很多店,彻底打破了原有的宁静。珊珊喜欢热闹,倒是非常高兴,经常拖着我到门口的小店闲逛。

最近小区门口开了一家连锁便利店。珊珊因为小时候在日本生活了很长的时间,对便利店非常熟悉和喜欢,这家店也就很快成了她经常光顾的地方之一。

这天,我们又在店里溜达,珊珊转着转着突然对我说:"爸爸,我发现了一个问题。"

"哦?"我愣了一下,"什么问题?"

"这个便利店是不是有很多分店?"她问道。

"是啊,有很多家呀,你忘了上次我们还去过市中心的店吗?"我没太明白女儿的意思,接着说道,"不仅咱们这个地方有很多家,其他城市也有很多呢,怎么了?"

"我突然发现,咱们门口这家店卖的东西,我们上次去过的店里没有呢?"女儿确实观察得很仔细,举起一件商品说,"你看,这个就是其他店没有的,还有这个和那个。"她一边说,一边用手指着货架上的商品。

"不错,确实卖的商品是不一样的,"我夸奖了一句,马上问了一句,"你为什么会关注这件事呢?"

"爸爸,我们家附近还有很多的大超市,这些超市也有很多的分店,"她回答道,"但是它们每间店里卖的东西,都差不多啊?"

"你觉得便利店和超市有什么区别?"我问道。

"大小不一样,"她马上回答道,"便利店都很小,一家超市的面积估计有几十个便利店大,"她接着说道,"超市里东西的种类也比便利店多得多。"

"还有什么不同吗?"我又追问了一句。

"还有……价格不一样,"她说出了关键点,"超市的东西稍微便宜点。"

"既然这样,那你为什么要到便利店来买东西呢?"我反问道。

"因为离家近啊,"女儿看来基本明白便利店的定位,"如果不是要买很多东西的话,还是便利店比较方便。"

"哦,那你明白为什么不同位置的便利店,卖的商品不一样的原因了?"我看她分析得基本准确,便回到了最初的话题。

"是不是因为每个便利店所在的位置不同,附近的人的特点不一样,所以便利店必须考虑到这一点?"珊珊想明白了。

"不错,分析得很准确,"我赞许道,"所以价格上高一点,大家还是可以接受的,"我又说明道,"一般便利店的商品价格会比超市高20%左右。"

"哦,我明白了……不对啊,"珊珊刚点了一下头,突然又觉得还有问题,"爸爸,如果每家店卖的东西都不一样,那还是不太好办啊?"

"什么不太好办?"我被她问得一愣。

"超市价格便宜,是因为卖的东西多,"她解释道,"而且每家店都卖一样的,所以价格才可以那么低。便利店虽然价格高了20%,但是每家店卖的东西都不一样,还是很难办啊?"

"哦,你是在说'采购成本'。"我明白了女儿的意思,"超市同一种商品的采购量大,所以采购成本才能很低,"看到女儿点点头,我继续说道,"虽然便利店的分店数量多于超市,但由于同一种商品的采购量很小,所以成本要比超市高得多。即使销售价格高20%,还是很难赢利,对吗?"

"对!对!就是这个意思,"女儿看我明白了,很高兴,"我觉得还是很难……赢利呢!"女儿还用上了我刚说的名词。

"你知道便利店是哪个国家发明的?"我很高兴女儿关注到了这一点,来了兴趣。

"嗯……我猜是日本,这有什么关系吗?"女儿不太确定,也奇怪我怎么突然换了话题。

"基本猜对了,便利店起源于美国,在日本发展壮大的。"我笑着说道,"你知道在日本和其他便利店比较发达的区域,除了卖东西,便利店还做些什么吗?"

"还做什么……"珊珊似乎没想过,开始回忆日本的便利店。

"你想想,在日本的便利店里,有哪些东西是都会有的?"我提醒道。

"吃的东西……关东煮、便当……"女儿一下子就想起了她的最爱。

"是的,这些都是便利店自营的项目,"我肯定道,"还有吗?"

"嗯……印照片,"珊珊喜欢在便利店里,把手机里的照片打印出来,"还有复印、交电费、寄包裹……爸爸,这些算吗?"她问道。

"当然算了",我说,"你上面说的是两大类,一类是自营速食品,一类是服务,"我先总结了女儿说的话,接着问道:"你知道这两类占到日本便利店收入的多大比例吗?"

"嗯……这个不知道。"女儿不太清楚,看着我,等我告诉她。

"占了一大半,多的超过60%,"我告诉她,"而且服务类的商品大多是不需要占空间的,所以不受店面大小的影响。"

"哦,明白了,"她反应了过来,"原来这才是'一样的东西'!"

"其实,你说的这些,总的来说叫做企业的'产品结构',"我解释道,"既要有'一样的东西',也要有'不同的东西',你知道它们的目的有什么不同吗?"

"产品结构……"珊珊重复了一句,"'一样的东西'就是为了降低采购成本,"听到她用了我刚说的词汇,我点了点头,她继续说:"'不同的东西'是为了……跟别人不一样,爸爸,对吗?"

"'一样的东西'叫'标准化','不同的东西'叫'个性化'。"我一边说,一边拿出我的手机,"你看,这个手机很多人都用,外观上只是根据屏幕的大小分成了两类产品,看起来其实很单调,但为什么还有那么多人愿意买呢?"

"但里面装的东西不一样啊,我的手机里面有的,爸爸的就没有,我们每个人手机里面的东西都不一样。"珊珊马上回答,"哦,我

懂了,"她恍然大悟,"这个时候,外观就是'标准化'的,装的东西就是'个性化'的了。"

"你说得对,"我笑着说,"标准化是为了降低成本,个性化是为了满足我们不同的喜好。"

"那到底是'标准化'多一点好呢,还是'个性化'多一点好呢?"她的小脑袋瓜又开始思考了。

"爸爸是个老师,也挺喜欢运动,"我打了个比方,"如果'运动'的事超过了'老师'的事,会怎么样?"

"那爸爸不就成了运动员了。"珊珊大笑起来。

"那你是愿意要当老师的爸爸,还是想要当运动员的爸爸?"我笑着问。

"我还是喜欢现在的爸爸,当老师的爸爸!"珊珊认真地说,她随即笑着说道,"原来你做什么样的爸爸,是因为我啊?"

"你以为呢?"我笑着拍拍她,回了一句,"你不就是我的上帝?走,回家!"

管理知识

◎ 便利店,是指位于居民区附近的实体店,以经营即时性商品为满足便利性需求为第一宗旨,采取自选式购物方式的小型零售店。美国德克萨斯州的南方公司于1927年首创便利店原型,1946年开设了世界上第一家真正意义上的便利店,并将店铺命名为"7-Eleven"。20世纪70年代初,日本伊藤洋华堂与美国南方公司签订特许协议并在日本推出。此后便利店作为一种独特的商业零售业态,在日本得到了飞速发展,其特点也被发挥到极致。20世纪90年代末期进入中国,在中国经济相对发达的沿海大中城市发展较快。随着石油巨头的介入,便利店在地域分布上更趋分散,加油站型便利店逐渐呈现出强大的生命力。

◎ 标准化,是随着近代大工业生产的发展而发展起来的。1798年,美国E.惠特尼提出零部件互换性建议,开始了最初的标准化。1850~1900年,蒸汽动力的采用和轮船、铁路运输的发展,促使西方国家商业竞争加剧,要求产品规格、质量和性能统一化，标准化工作也有了相应发展。1901年，英国成立了世界第一个国家标准团体——英国标准学会。1906年，成立了世界最早的国际性标准团体——国际电工委员会。1947年，成立了目前世界最大的国际标准化机构——国际标准化组织，中国于1978年9月加入。

实行标准化能简化产品品种，加快产品设计和生产准备过程，保证和提高产品和工程质量；扩大产品零件、部件的互换性，降低产品和工程成本；促进科研成果和新技术、新工艺的推广；合理利用能源和资源；便于国际技术交流等。

贰拾·倒闭的蛋糕店

引言：

上个周五（2015年12月4日），当我在微信上发出《与女儿谈管理》连载19之后，我非常敬重的师长和前辈、中国科学技术大学管理学院前院长方兆本教授给我的文章点赞，让我喜出望外。先生博古通今、学识精深，还注重提携后进。蒙先生厚爱，多次对我的研究工作给予指点，又亲自为我刚出版的新书《管理思维跨界创新》题写序言。

先生在给予我的连载文章以鼓励之后，还欣然命题，令我以"生命周期"和"客户兴趣点转移"为主题，作一篇文。

谨遵先生之命，我押后其他写作计划，遂先成此文。但先生命题中所言"玩具"及"游戏"二点，因均非小女所好，我只好以"文具"替换"玩具"，聊以复命，敬请指正。

周末无事,女儿邀我一起在附近转转,两人出了大门,顺着马路闲逛。看见一家文具店,珊珊走了进去。

"家里那么多文具,都够开文具店了。"我对女儿提醒道,珊珊喜欢买文具,我在家基本都是捡她用剩的笔。

"我随便看看。"她头也没回,径直往里走,我只好跟着进去。

"爸爸,我要买这个。"看来她是早有企图,直接走到一个货架前,拿起个圆规冲我说道。

"不是有圆规吗?"我记得上次买过的。

"这个样子不一样,"她坚持要买,"再说同学们都用这种,比较好用。"

"好吧,"我看她非买不可,价格也不贵,只好同意,"这个不用坏就不能再买新的啰!"我一边掏钱一边告诫她。

"知道了。"她不耐烦我啰唆,往外走。

"等等,这个笔上次你不是说好用,要不要再买两支?"我看到了她之前喜欢的笔,问道。

"那是我小学的时候喜欢的,现在我只用固定的一种,这家店没有。"她扭头看了一眼,跟我说道。

"你现在用的笔确实不错,"我最近捡了一支她用剩的笔,感觉挺好写,付了钱出来,继续问道,"为什么你固定了只用那一种了?"

"下水快,写字特别舒服,"她答道,"跟它做的广告里说的完全一样,确实好用。"说着说着突然惊讶道:"咦!"

"怎么了?"我被她吓了一跳。

"这家店怎么关门了?"她指着一个蛋糕店门口贴着的招租广告说道,"原来的生意不是很好吗?"

这家店是卖蛋糕的,而且只卖一款蛋糕,店铺取了个挺好听的名字。几个月前还经常排队,我也买过一次,最近路过的时候确实比较冷清,没想到这么快就关门大吉了。

"爸爸,为什么这家店做不下去了?"珊珊有点奇怪,"原来生意很好呀?"

"你觉得当时生意好的原因是什么?"我反问道。

"嗯……"她没说话。

"刚才你为什么要买那个圆规?"我看她没回答,启发道,"你觉得你会喜欢多久?"

"因为同学都用啊,哦,我明白了,"她得到了启发,说道,"它开张前发了很多宣传广告,大家都觉得比较新奇,"停了一下,她笑着回答我的后一个问题,"不过,新鲜劲很容易过去的。"

"我就知道,圆规的寿命不会太长的?"我打趣了一句,转问道,"如果是你,这家店趁着开业新鲜劲,应该怎么办呢?"

"嗯……"她考虑了一会,说道:"我觉得有两种办法,一种是增加更多的蛋糕种类,另一种就是把这一款蛋糕做得更好吃。"

"你会选择哪一种?"我追问。

"我……选择增加种类。"她犹豫了一下,答道。

"那会出现什么问题呢?"我继续让她分析。

"首先是跟它开始宣传的不一样了,"珊珊这次没迟疑,"一开始只卖一款,现在变成很多款了。"

"重要的是,当你开业没过多久,就给顾客很多种类选择的时候,"我接着她的话说道,"还会让客人感觉到其实选择的范围是很大的,甚至包括了选择其他的蛋糕店。"

"对!"珊珊赞成我的说法,兴奋地说道,"只有等大家真正喜欢上这家店了,才能增加种类。"

"那怎么办呢?"我又把话题拽了回来。

"那还是应该只做这一款,把它做得更好吃。"珊珊放弃了开始的选择,倾向于后者了。

"做得更好吃,不也意味着改变口味,"我开始刁难她,"与增加种类有啥区别呢?"

"嗯……"她被我问愣了。

看她半天不说话,我又问道:"你为什么只买固定一种笔?"

"因为我原来买笔,要么就买别人推荐的,要么就是觉得样子好看的,经常买回去发现不太好用。"她一边思考,一边说道,"直到看了这种笔的广告,才知道好的笔应该是什么样的,买了试用之后,发现它说得很对,就开始固定了。"

"那如果这个厂家以后推出新的品种,你还会买吗?"我又问了一句。

"肯定会的!"她回答得很肯定,"因为它确实知道什么笔好啊,做出来的笔肯定很好用。"

"那如果再有人给你推荐不同的笔呢,你会尝试吗?"我从另一个角度问道。

"虽然不能说一定不去试,"她想了一下,回答道,"但估计不会轻易换。"

"那你觉得这家蛋糕店该怎么做呢?"我回到原来的话题。

"哦!爸爸,我懂了,"她恍然大悟,"这家店首先要做的事,是必须能让大家认为你是最懂蛋糕的。"

"为什么?"我问道。

"因为一旦大家认为你是最好的了,"她说明道,"即使别人推荐别的蛋糕店,也不会轻易改变了,"说完又补充了一句,"而且以后推出新的品种,大家也还会继续愿意买。"

"你说得很对。"我解释道,"其实一家店从开张到发展、再到持续、最后关闭,我们把这个过程叫作这家店的'生命周期',对于一个产品而言,也同样有其生命周期。你觉得这两者之间有什么关系呢?"

"生命周期……"珊珊重复了一遍这个词,"我觉得……店的'生命周期'是由一个个产品的'生命周期'组成的,对吗?"

我没回答她的问题,继续问道:"每一个产品的'生命周期'一样吗?"

"嗯……我觉得不一样,"她想了一下,"'生命周期'长的可以很长,有很多'老字号'的产品都已经有几十年历史了,也会有些'生命周期'短的,过了一阵子就卖不出去了。"

"那你觉得店家推出每一个不同的产品,目的是什么?"我追问道,"是为了赚更多的钱吗?"

"嗯……应该不是……或者说不仅是……"她有点迟疑,"我觉得要像刚才说的,让大家觉得你是最懂的。"她说完看着我,等着我的回答。

"你说得很对。"我肯定了她的观点,"一个产品最重要的目的,就是不断向客人传递信息……"

"传递什么信息?"没等我说完,珊珊就着急地问道。

"传递能过滤其他信息的信息。"我答道。

"什么意思？"珊珊听到这么绕的话，没明白。

"现在的网络这么发达，客人们总会收到大量不同的信息，比如其他商家的、不同产品的、朋友推荐的信息，这类信息需要客人们去判断。但是很多人没有能力判断这些信息，所以很多人的兴趣点就会经常摇摆，一会儿觉得这家店好，一会儿又觉得那家店好；一会儿觉得这个产品好，一会儿又觉得那个产品好。"我解释道，"假如谁能够给我们一种信息，这种信息能够用来判断其他信息的话，谁就能取得优势。而且我们一旦认同了这个判断工具，就不会轻易改变。"

"爸爸，"珊珊听明白了，"那你说的'用来判断其他信息的信息'，或者说工具，到底是什么呢？"

"价值观！"我认真地对珊珊说，"一家店，竭尽全力地做一件事，不断追求完美做得更好，找出了做这件事的本质。那么，这个'本质'和这家店做事的态度，就在向客人传递'价值观'。"我看到珊珊点了点头，接着说道，"而一旦客人认可和接受了店铺的'价值观'，就会用这个'过滤器'去筛选其他的信息了。"

"爸爸，我懂了。"珊珊抢着说道，"产品可以改变，'价值观'不能变！因为，它决定了店铺的'生命周期'！"

管理知识

◎ "需求"和"产品生命周期",是产品管理中两个非常重要的概念,两者之间有着紧密的联系。通常我们把一个产品从入市到退市的整个过程称为产品的生命周期,一般包括4个阶段:引入期,成长期,成熟期,衰退期。针对每个周期,我们会采用不同的产品策略来应对不同周期的产品;而不同产品策略的采用,本质上是应对需求变化的结果。

◎ 客户忠诚理论(Customer Loyal,CL),是在流行于20世纪70年代的企业形象设计理论(Corporate Identity,CI)和80年代的客户满意理论(Customer Satisfaction,CS)的基础上发展而来的。客户忠诚是指客户对企业的产品或服务的依恋或爱慕的感情,它主要通过客户的情感忠诚、行为忠诚和意识忠诚表现出来。其中情感忠诚表现为客户对企业的理念、行为和视觉形象的高度认同和满意;行为忠诚表现为客户再次消费时对企业的产品和服务的重复购买行为;意识忠诚则表现为客户做出的对企业的产品和服务的未来消费意向。这样,由情感、行为和意识三个方面组成的客户忠诚理论,着重于对客户行为趋向的评价,通过这种评价活动的开展,反映企业在未来经营活动中的竞争优势。

贰拾壹·成功的秘诀

女儿的兴趣以前一直比较广泛，上了中学后开始逐渐变少，慢慢聚焦，现在也就只剩下了两个。我分别请了专业的老师给珊珊指导。每个周末的上课时间，出于方便起见，都安排在了周日的下午。平常接送女儿，都是妈妈的事儿，这一次因为妈妈单位加班，实在抽不开身，就让我负责接送。

先把女儿送到了第一个地点，我就去忙自己的事，等到时间差不多了，出发去接女儿，路上稍微有点堵车，不过还算及时赶到。等女儿上了车，我看看时间，去第二个地点应该来得及，就一边开车，一边与女儿聊天。

"爸爸,我们这周布置了一篇作文,题目叫《成功的秘诀》,"女儿说起了她的家庭作业,"不过我还没想好怎么写,你有什么建议吗?"

"不好意思,这是你的事儿。"我一口回绝,"你写完了之后,倒是可以跟我探讨,写之前我没什么建议。"凡是女儿的事,我一向都是做之前由她自己做主,无论结果如何我都会包容,但是事后都要与她一起总结。

"爸爸,前面堵车了。"她知道我的习惯,转换了话题。

前面好像出了交通事故,车只能一点点往前挪动,这下不好,时间有点来不及了。

"本来出来就有点晚,这下要迟到了。"我有点着急。

珊珊建议道:"爸爸,要不我给老师打个电话,告诉她要晚点到?"

"先不要打,我们还是尽量争取按时到。"我一边回答,一边把车拐入小巷子,打算抄个近道。

小巷子里车不多,但路窄人多,我看离老师家已经不远,找个路边车位把车停下,拉着女儿向老师家狂奔。

"爸爸,你慢点,我跑不动了。"看我跑得太快,珊珊在我后面喊道。

"快点,马上到了。"我没减慢速度,带着她一路跑到老师家,还好,正好按时赶到。

上完了课，女儿和我一起回家。

"爸爸，为什么你不愿意我提前打电话给老师，解释可能迟到的原因。"女儿又想起了来之前的事。

听到女儿的问题，想起她之前跟我说的作文，我心念一动，反问道："你觉得什么样的人可以成功？"

"嗯？"女儿挺奇怪我为什么问这个，想了一下，"我觉得……首先要有机会。"

"什么叫有机会？"我又问道。

"嗯……就是你正好得到了一件事，最后把它做成了。"她解释道。

"那一般这样的事是怎么来的呢？"我追问。

"应该是……有人交给你。"她考虑了一下。

"哦，那看来是有了一件事，又恰好交给了你，你做成了，也就成功了。"我总结道，"那成功的关键是什么呢？"

"首先是你能得到这件事。"珊珊脱口答道。

"哈哈，这很有意思，不过很多时候确实如此。"我被她逗乐了，接着说，"那为什么会交给你呢？"

"因为……能力比较强。"她想了一下，说了个原因。

"能力强？"我顿了一下，"你是认为成功的事都很困难了？"

"那倒不一定……"她被我问得有点犹豫了。

"再说,能力强的人固然把事做成的能力强,但把事做砸的能力往往也会强啊!"我又补充了一句。

"你说得对,"珊珊也有同感,"我们组有的同学,他想干的时候确实很能干,可不想干的时候也是最能捣乱的。"

"那交给你的原因是什么呢?"我回过来问道。

"我觉得是……"女儿似乎在考虑怎么表达,"靠谱!"她蹦出了一个词。

"'靠谱'这个词确实比较贴切,"我笑着解释,"其实更准确的表达应该是'信任',因为相信你,所以才把事情交给你。"

"老师总喜欢把各种事情交给我,原来是我值得信任啊!"珊珊自言自语道,"以前我还总觉得倒霉呢!"

"哈哈,别自恋了,"我哈哈大笑地揶揄了一句,"老师交你的那些小事,跟成功这事没啥关系。"笑完我继续追问道,"那'信任',或者说'靠谱',这些别人对你的印象,是如何产生的呢?"

"如何产生的?"珊珊被我一下子问住了。

"换句话说,你是怎么会开始对别人产生信任的?"我解释道。

"我觉得,这是一个过程……不是一下子就可以有信任的。"珊珊一边思考,一边说道,"似乎都是一些细节……比如,答应了的事就能够做到；做事的时候比较认真仔细；还有就是不只想着自己，还考虑到别人……有了这些，慢慢地就会越来越信任了。"

"那你觉得'迟到'这事，跟信任有关系吗？"我回到了女儿从老师家出来后谈到的话题。

"有关系，"珊珊肯定地回答，还点了点头，似乎要加强一下，"'不迟到'就是'说到做到'的一种形式。"接着她又补充道，"而且'不迟到'还表明了对他人的尊重，也体现了'不是只顾自己，能考虑别人感受'的好习惯。"

"那你现在明白爸爸不让你打电话，然后一路飞奔的原因了？"我继续追问。

"因为不能迟到，"珊珊完全明白了，"迟到会打乱老师的安排，其实我后面还有其他人约好时间了。"想了一下，她继续说道："爸爸也不希望我养成'迟到'的习惯，因为这还跟'信任'有关。"

"'信任'这个东西，建立起来，很难；可是破坏起来，很快！"我进一步延伸道，"对个人而言，是信任；对企业而言，是信誉。就因为建立起来很困难，它们才尤其珍贵啊！"

"可是有时候似乎大家会觉得，重要的事就不能迟到，不重要的好像就无所谓了。"珊珊说了一个常见的现象。

"事情，可能确实有重要性的差别，"我解释道，"但在我看来

'重要性'本身也是有级别的,而'信任',是最高级别的重要性啊!"

"爸爸,我懂了!"珊珊恍然大悟,"其实这就是'成功的秘诀',对吗?"

"哪有什么秘诀,"我笑着说道,"其实都是简单的道理,只是能不能做到罢了!"

管理知识

◎ 信用。在货币金融学中有一个重要的流派,即以18世纪的约翰·劳为先驱,以19世纪的麦克鲁德、哈恩以及20世纪的熊彼特等人为代表的"信用创造学派"。在这一学派的眼中,信用就是货币,货币就是信用。约翰·劳说:"信用是必要的,也是有用的,信用量增加与货币量的增加有同样的效果,即它们同样能产生财富、兴盛商业。"其基本逻辑认为:货币就是财富——货币不必是金银,而以土地、公债、股票等为保证所发行的纸币为最好——纸币是银行的一种信用——银行通过供给这种信用,就可提供丰富的货币——给经济以最初的冲击——依靠这种冲击,就可以使国家富强、经济繁荣。总之,信用即货币;货币即财富,即资本。

麦克鲁德在他的《信用的理论》中指出:"人们以生产物与劳务和其他人交换,而换得货币,此货币既不能用以果腹,也不能用以蔽体,然而人们却乐于用其生产物与劳务换取货币，这是为什么呢？就是换得货币以后，可在需要之时，凭以换取所需之物的缘故。所以，货币的本质不过是向他人要求生产物与劳务的权利或符号，从而实为一种信用。"麦克鲁德认为信用与货币两者的本质是一致的，信用的创造就是货币的增加，两者可以统一于"通货"的概念之下，只是在程度上有所不同：(1) 信用只有单一的价值，但是货币却有多数的价值或者一般的价值；信用只是对某个人的要求权，但是货币却是对一般商品的要求权；(2) 信用只有特殊的不确定的价值(因为债务人死亡或者破产，信用就变得没有价值了)，而货币则有持久的价值。

◎ 现代金融业正是信用关系发展的产物。在市场经济发展初期，市场行为的主体大多以延期付款的形式相互提供信用，即商业信用；在市场经济较发达时期，随着现代银行的出现和发展，银行信用逐步取代了商业信用，成为现代经济活动中最重要的信用形式。总之，信用交易和信用制度是随着商品货币经济的不断发展而建立起来的；进而，信用交易的产生和信用制度的建立促进了商品交换和金融工具的发展；最终，现代市场经济发展成为建立在错综复杂的信用关系之上的信用经济。

贰拾贰·消息的好坏

为了鼓励珊珊,从她小时候,家里就设了一个光荣角,用来存放她获得的奖励和荣誉。每次从学校里得了奖状,或是参加校外的比赛或活动有了荣誉,就会放在光荣角里。

上了初中,我又建议设一个警示角,专门用来存放坏消息、作业上的问题、经常犯的错误,可以经常提醒她。但过了一段时间,我注意到警示角似乎总是没啥记录。

这天放学接女儿,珊珊一上车就对我说:"爸爸,我有一个好消息,还有一个坏消息,你想先听哪一个?"

"那还用说,我先听坏消息。"我跟平常一

样,回答道。

"爸爸,这次你就先听好消息吧,好不好?"珊珊请求道。

"为什么? 你不是让我选吗?"我有点奇怪。

"这次特殊,你就破下例吧。"珊珊坚持道。

"好吧,下不为例。"我答应了她的要求,"说吧。"

"我这次数学考了第一名。"珊珊说道。

"哦,不错。"我表扬了一句,接着问,"那坏消息呢?"

"分数只有76分。"她狡黠地笑着回答我。

"哦,搞了半天是同一件事啊!"我明白了,这个小丫头在跟我开玩笑。

"这次题目好难哦!"珊珊感叹地对我说。

"哦,什么题目不会做啊?"这一般都是我最关心的问题。

"还没来得及看呢?"女儿还沉浸在第一名的喜悦里,随口答道。

"嗯?"听了女儿的回答,我心里一动,想起了家里的警示角,轻描淡写地问道,"原来是同一个消息,刚才又是好消息又是坏消息的。那你到底认为这是好消息,还是坏消息啊?"

"哈哈,刚才我是开玩笑的,"女儿毫不犹豫地答道,"当然是好消息啦! 这次的考试很重要的!"

"那看来你是要在'光荣角'上给它一个位置啦?"我继续说道。

"嗯……"女儿似乎意识到了我的口气,有点犹豫起来,"这个嘛……我还没想好。"

"那你怎么来区分好消息和坏消息呢?"我换了个话题。

"嗯……"珊珊没想过这个问题,想了一下,说:"好消息就是高兴的事,坏消息就是不开心的事呗。"

"开心或是不开心,取决于什么呢?"我追问了一句。

"取决于什么?"她重复了我的话,没有回答。

"那就说这次的成绩吧,"看她不回答,我启发道,"你觉得是好消息,是开心,那为什么会开心呢?"

"因为我考试前就希望取得好成绩啊。"这次女儿没犹豫。

"其实你说的是'目标',"我解释道,"达到了你的目标,所以你就开心;如果没达到,那显然就不会开心了。"

"是的,就是这个意思。"听到我的解释,珊珊表示同意。

"所以这个成绩就是一个'评估指标',用它来评估你的目标是否达成。"我继续解释了一句,然后问道,"那你给自己设定的'取得好成绩'的目标,实现了吗?"

"第一名当然算实现了呀……"珊珊说完,顿了一下,又补充道,"不过因为题目难,成绩不算高。"说完她马上意识到了我问题的意思,"爸爸,我明白了,其实不应该算实现了目标,因为分数上还有很大的提升空间。"

我看她意识到了问题,又延伸道:"即便是这次取得了好成绩,就算实现了目标吗?"

"嗯?"珊珊显然没听懂我的问题。

"我是问你的目标到底是什么呢?"我解释道。

"哦,"她听懂了我的问题,"应该是不断提高自己的能力。"

"其实评估指标分为两种,一种是'结果性指标',一种是'过程性指标'。"我一边解释,一边指着车上的仪表盘,"你看这个里程表,这就是一个结果性的指标,但它只能告诉你车子行驶的距离。"我又指着旁边的几个仪表盘,"而这几个就是监控汽车行驶过程的仪表,一旦有了问题,就会发出预警,提醒我们如果不解决,可能就到达不了目的地了,这些就是属于'过程性'的了。"

"我明白了,"珊珊仔细看着仪表盘,"它们之间似乎也是有关系的。"她说道。

"是啊,"我很高兴她在思考,"你说说看它们之间的关系。"

"'结果性'的指标可以用来了解整个的过程,而'过程性'的指标可以来预测结果。"珊珊一口气说完了她的观点。

"你说得很对,确实存在着这样的关系,"我肯定了她的观点,

"那你觉得这两个指标有严格的区分吗?"

"嗯……"她想了一下,"我觉得要看你怎么来看,有的时候过程的指标也可以看做是结果性的,而结果性的也可以看做是过程性的。"她有点明白了。

"那取决于什么呢?"我继续追问了一句。

"应该是……取决于最终的目标,"她彻底明白了,"现在的目标就是一个结果,但如果现在的目标之后还有未来的目标,现在的这个结果,也就成了过程了。"

"那你的成绩到底是好消息还是坏消息啊?"我回到最初的话题。

"爸爸,我觉得还是把它当作坏消息比较好,"想起刚才给我的斩钉截铁的答案,珊珊有点不好意思了,"当做了坏消息,就是把它看做是'过程性指标'了。"

"为什么呢?"我假装不解。

"看做'结果性'的,看的就是答对的76分;"她认真地说明道,"看做'过程性'的,那关注的就变成了没答出来的24分了。"

"是啊,"看到女儿明白了这个道理,我很高兴,"关注点不一样,对未来变化趋势的影响也不同啊。"

"是的,只看对的题目,未来不一定能对得更多。但关注了错的题目，未来一定能错得更少。"她接着我的话说道，"爸爸，一会回去我决定把'光荣角'的名字直接改为'警示角'。"

"不用那么着急吧。"看到她火急火燎的样子，我安抚了一下。

"那可不行，"她坚持道，"好消息明天还会是好消息，可坏消息等到了明天，就可能更坏呢！"

管理知识

◎ 绩效考核起源于西方国家文官（公务员）制度，最早的考核起源于英国。绩效考核本质上是一种过程管理，而不是仅仅对结果的考核。它是将中长期的目标分解成年度、季度、月度指标，不断督促员工实现、完成的过程。有效的绩效考核能帮助企业达成目标。绩效考核是一个不断制订计划、执行、检查、处理的 PDCA 循环过程，体现在整个绩效管理环节，包括绩效目标设定、绩效要求达成、绩效实施修正、绩效面谈、绩效改进、再设定目标的循环，这也是一个不断地发现问题、改进问题的过程。

管理小方法

◎ 绩效是一个含义广泛的概念，在不同的情况下，绩效有不同的含义。从其字面上来看："绩"是指业绩，即员工的工作结果；"效"是指效率，即员工的工作过程。也即是

绩效 = 结果过程（取得未来优异绩效的行为与素质）

绩效 = 做了什么（实际结果）＋能做什么（预期结果）

需要说明的是,绩效考核无疑是绩效导向式的,但绩效导向并不意味着只关注结果,在关注结果的同时,它同时关注取得这些结果的过程。

贰拾叁·参赛的PPT

　　珊珊打算参加中学生小发明比赛，准备花几个月的时间，做一个小产品。因为我大学学的是无线电专业，虽然现在的器件早已是集成电路化了，但我仍希望女儿有机会拿拿电烙铁、闻闻焊锡味道，心里觉得似乎这样，会使女儿跟我更亲近些。不过因为报名参赛的人较多，女儿还要先设计个PPT，向评审老师汇报，申请立项。

　　珊珊从没做过这样的事，于是就希望我提供些帮助。我一向在她做事之前是不干预的，但考虑到这次她比较重视，正好近期我的一个学生也要参加大学生创业赛，让我提前看看

PPT,于是我就答应珊珊跟着我一起去,正好学习学习。

学生的汇报开始了,先打开目录,基本框架就像平常的研究汇报,先是背景分析,然后市场分析、优劣势分析,最后是说明要做什么事。学生说完了,我先问珊珊:"你觉得怎么样啊?"

"我不太懂他做的产品,"珊珊确实不太了解技术原理,"但我觉得PPT做得很好啊。"

"好在哪里?"我问道。

"嗯……"她想了一下,"好在哪里我也说不清楚,反正我觉得像我这样不懂的,听完了都觉得可以做。"

"哈哈,不懂的都觉得可以做,"我给她逗笑了,接着说,"那你觉得老师们懂不懂?"

"那肯定是懂的。"珊珊毫不犹豫地答道。

"那懂的人,一般来判断什么呢?"我继续问,同时也把目光扫向学生。

"嗯……"她没想过这个问题。我看了一眼学生,他似乎也没有答案。

"懂的人往往不是判断是否'可以做',"我解释道,"而是要判断是否'能做成',或者说做成的可能性有多大。"

"那有什么区别呢?"他们两个人对视了一眼,一起问道。

"到底是谁问谁啊?"我假装生气地答道。

"嗯……"女儿看我不回答,想了一会说道,"那就是我们做汇报的目的不一样了,对吗?"

"是的,"我肯定了她的回答,"那该怎么办呢?"

"我觉得……材料的内容就要发生改变了,"她想了一下,继续说,"说明'可以做'相对是比较简单的,要说明'能做成'就要难很多了。"

"为什么?"我马上问道,"难在哪里?"

"因为是讨论创业项目,'可以做'只需要考虑自己就行了,"珊珊解释道,"'能做成'就要增加考虑其他人的因素了。"

"不错,开始想到别人了。"我笑着赞许道。

"嗯……这两个因素哪个更重要呢?"她问道。

"在初期,这就需要具体分析了。"我回答道,这个问题对他们来说有点困难,"要看做这件事的关键因素是什么,因为你说的'其他人',既包括那些已经存在的、实力较强的,也包括那些还没开始、等着你做了实验来吸取你的教训替代你的。"

"我明白了,"珊珊说道,"要从'其他人'的角度,考虑自己的特点,来决定如何做这件事。"

"是的,"我结束了这个话题,又问道,"既然'目的'不同了,你报告的材料和目的之间的关系,有什么变化吗?"

"嗯……我觉得需要更紧密了。"珊珊想了一下,回答道。

"为什么更紧密了?"我追问道。

"'可以做'只是一个简单判断,'能做成'就是……"珊珊想不出贴切的表达词汇。

"计划!"我看她憋不出来,提示道:"'能做成'就是要讲做的'计划'了。"

"对!对!计划!"珊珊看我说出了她想表达的意思,高兴了。

"既然是这样,那如何准备汇报啊?"我回到最初的话题。

"嗯……如果做汇报的目的,是让老师更方便地判断'能做成'这件事……"她一边思考,一边自言自语,"我觉得首先汇报的顺序要改变。"

"哦?怎么改变?"我有了兴趣,马上问道。

"原来'要做什么事'是放在报告的最后的,"珊珊指着墙上的PPT说道,"现在要放到最前面。"

"为什么?"我追问道。

"因为老师必须先知道了'目标',才能帮助我们判断'计划'。"珊珊答道。

"然后呢?"我问道。

"我觉得……分析的内容都不要了,后面就……说我们的计划,这样可以吗?"珊珊还是有点拿不准,说得有点迟疑。

"为什么这样安排呢?"我问其原因。

"就像刚才我们说的,老师一般都是'懂的',"她解释道,"所以我想直接就进入我们的工作计划了。"

"你说得对。"我肯定道,"你的'计划'其实就体现了你的分析结果,"我说明道,"对老师而言,这个领域他是非常熟悉的,一听你打算怎么做,就可以判断你选择这么做的理由了。"

"爸爸,我懂了,而且还有一个好处,"珊珊看到我同意她的说法,又说道,"这样老师肯定会很高兴。"

"嗯? 他们高兴什么?"我奇怪道。

"原来我们汇报的顺序,好像在给他们上课,"女儿解释道,"现在的顺序,就像是向他们请教了。他们当然会高兴啊!"

"哈哈,"我被女儿逗乐了,"这倒是,你跳过了他们可能很熟悉、没兴趣听的内容,直接进入让他们判断的部分,节约了他们的时间,也更有效率。我看他们确实应该高兴。"

"爸爸,是不是以后所有的汇报都应该这样呢?"珊珊突然蹦出一个新问题。

"你看超市里商品的标签,"我打了个比方,"上面最醒目的内

容是什么?"

"嗯?"她愣了一下,"应该是……价格!"

"是的,"我说道,"这就是超市希望你判断的东西,为什么这样做呢?"

"因为……超市里的东西我们都很熟悉,"她想了一下,接着说道,"所以直接根据价格,就可以判断要不要买了。"

"那有没有什么东西,不是这样简单地标价格呢?"我接着问道。

"嗯……"她歪着脑袋,想了一会,"好像卖房子,就不是这样的……"

"为什么?"我问道。

"爸爸,我明白了,"她想清楚了,"对方非常熟悉的东西,就可以先说结论,但如果不是非常熟悉,就要先说依据了。"

"超市是卖日常用品,开发商是卖房子,而你,是向老师卖你的项目,"我说明了一下,"同样是卖东西,但可能采取的表述方式不同,那其中的关键是什么?"

"是……"她犹豫了一下,"……要先站在对方的角度考虑问题!"

"好,祝你们参赛成功!"我说道。

管理知识

◎ 管理沟通，从其概念上来讲，是为了一个设定的目标，把信息、思想和情感在特定个人或群体间传递，并且达成共同协议的过程。沟通是自然科学和社会科学的混合物，是企业管理的有效工具。沟通还是一种技能，是一个人对本身知识能力、表达能力、行为能力的发挥，无论是企业管理者还是普通的职工，都是企业竞争力的核心要素。有效沟通，是通过听、说、读、写等载体，通过演讲、会见、对话、讨论、信件等方式将思维准确、恰当地表达出来，以促使对方接受。

贰拾肆·桃树的成长

朋友在近郊建了一个果园,种了不少种类的果树。现在的孩子们都是在城市里长大,对于农作物的知识几乎一无所知,为了增加孩子们的兴趣,朋友给周边好友的每个孩子都配了一株果树,希望孩子们多了解农作物的知识。珊珊爱吃桃子,于是被"配发"了一棵桃树。每个不同的环节她都会参与,特别是在收获的季节还能吃到自己树上结的桃子,她非常积极。我经常周末时带上女儿,去看看她的果树。

天气冷了,又到了给桃树剪枝的时节,朋友早早约好了时间,几家人的孩子一起去果园,探望她们的"配树"。到了果园,孩子们在工友的带领下,给每个桃树修剪了树枝,忙活了一上午,终于全部修剪完了,于是洗了手,进了房间闲聊,等着吃饭。

一个朋友在一家家族企业担任高管,可能是工作上常受到企业内部家族成员的掣肘,坐下来就发起了牢骚,感叹家族企业太复杂。珊珊拿了本书坐在我的身旁,突然抬起头问我:"爸爸,为什么叔叔不喜欢复杂?复杂有什么不好?"

"搞了半天,你还一心二用啊,一边看书还一边偷听我们的谈话呀?"我跟她开了句玩笑。

"因为我听到了'复杂',我觉得之前我们在考虑流程的时候,好像是越复杂越好呀,可是为什么叔叔不喜欢'复杂'呢?"珊珊看着我问道。

"叔叔说的是人和人之间的关系'复杂',"我解释道,"流程的'复杂'大多是对工作有益的。而人和人之间的关系'复杂',对工作就会有不好的影响了。"

"不复杂那就是应该简单啦,"她看我点了点头,接着说道,"那为什么简单好呢?"

这个问题比较难以说明白,我一转头,看到了屋外的桃树,顿时有了主意,问道:"我们为什么要给桃树剪枝?"

"为了它明年更好地成长,结的果子更多啊!"珊珊已经参与几次修剪了,这个问题难不倒她。

"为什么剪了枝,来年才能更好地成长和结果呢?"我接着问道。

"那个果园的伯伯说了,一个是剪了枝,才能让它更快长出新枝;还有一个原因就是剪完枝后,养分和水分可以集中在保留下来的枝条上,这些枝条就可以长得更好。"珊珊这么多次果园看来没白来,掌握了不少桃树生长的基本知识。

"那我从另一个角度再问一下,"我换了个问题,"如果不剪枝,会怎么样?"

"不剪枝,枝条就会相互影响,养分和水分都不充分,就会影响结果了。"看来她是真搞明白了。

"这些养分和水分叫做'资源',提供给桃树的各个部分,供它们成长所需。所以,剪枝的目的就是把相互的影响消除掉,这样就可以减少资源的消耗。"我启发道,"所以剪枝后,枝条之间关系发生了什么变化啊?"

"哦,你的意思是变简单了?"珊珊明白了我说桃树剪枝的意思,"原来枝条之间的关系比较复杂,就会需要更多的养分和水分,剪枝后枝条少了,关系也就变得非常简单,更有利于成长了。"

"现在你明白叔叔为什么不喜欢复杂了?"我回到开始的话题。

"明白了,复杂会消耗更大,简单才有利于成长。"珊珊没有犹豫地回答道。

"你还没有完全明白。"我笑着说道。

"还有?"珊珊不太明白遗漏了什么。

"你还记得桃树剪枝后,果园里的伯伯有时候还要做什么吗?"我问道。

"嗯……"珊珊开始回忆,"爸爸指的是'嫁接'吗?"她问道。

"为什么要嫁接?"我没有回答她的问题,继续问道。

"好像是……为了桃子更好吃。"珊珊不太确定。

"是的,是为了改良品种,让桃子更好吃。"我肯定了她的回答,接着问道,"为什么会更好吃?"

"因为选择嫁接上的都是比原来的桃树更好的品种,所以就能让桃子的口味更好。"她回答道。

"哈哈,看来都记住了,"我对于女儿的回答很满意,接着问道,"那什么时候可以嫁接啊?"

"这个伯伯上次也告诉我们了,"看来她也学过这个了,"一般是在剪枝后,快到春天的时候。"

"为什么要在剪枝后呢?"我继续追问。

"因为嫁接后的枝条不容易存活,剪枝后枝条可以得到足够的养分和水分,这样才能保证嫁接后枝条的生长需要。"珊珊解释道。

"你现在明白你刚才遗漏什么了?"我转回话题。

"嗯……"这个问题确实有点跳跃,珊珊在想其中的关系,"爸爸,我明白了,只有简单了,才能把更好的枝条嫁接上来,改善自己的不足,变为更好的品种。对吗?"

"你说得对,如果我们把桃树比作叔叔的企业,当企业里人与人的关系太复杂了,就会白白消耗很多的资源,却没有取得成果。就好像桃树没有成长、没有结果实一样。"我解释道。

"所以,我们把复杂变成简单,企业就更容易取得成果了。"珊珊抢着说道。

"不仅如此,"我接着说,"还能让更厉害的人加入进来,就像桃树的'嫁接',可以让企业变得更强。"

"那流程是做什么的呢?"珊珊对于这个还没搞清楚。

"流程就是让人与人的合作更顺畅,不会产生摩擦。"我解释道,"其实,正是为了让关系更简单啊!"

桃树理发记

1. 蓬头垢面

2. 剪枝精炼

3. 嫁接待变

4. 神气活现

管理知识

◎ 人际关系。美国学者福莱特于1942年提出管理就是通过其他人来完成工作的观点。孔茨和海因茨·韦里克于1993年提出,管理就是设计并保持一种良好环境,使人在群体里高效率地完成既定目标的过程。人际关系的作用主要表现为以下几个方面:

(1) 提高工作效率。工作和生活中人际关系的好坏,对工作的开展和效果有较大影响。人际关系协调,对工作达成共识,彼此感情融洽,可以促进工作的顺利开展,有助于提高工作效率;反之则降低工作效率。

(2) 创造良好氛围。团结、互助、平等、友爱的人际关系,可以增强群体的凝聚力,有助于群体目标的实现。建立和谐的人际关系也是创建群体精神的重要组成部分。

(3) 促进身体健康。人际关系的好坏不仅影响工作的效率,而且也影响员工的心理健康。

贰拾伍·"图书角"的激励

"爸爸,爸爸……"女儿一进家门,就叫我,"我们的'图书角'活动就要启动了。"女儿和几个同学一起发起了一个活动,动员同学们把各自的书拿出来,组成一个小图书角,共享图书。没想到这么快就要启动了。

"好啊。"我也挺为她高兴。

"我需要你帮个忙……"她接着说道。

"你知道我的习惯的,"我没等她说完,先抢着说道,"你做的任何事,策划和执行我都不会参与的,我只参与事后的总结。"

"不是让你参与,"她说道,"我是有个问题不知道该怎么办,你帮我出出主意。"

"哦,什么问题,说来听听。"我来了兴趣,回答道。

"这个活动前期的组织工作,事情就比较多,短时间让大家帮帮忙是没问题的,"她说道,"但后面还有日常的图书管理工作,这是长期的工作,怎么才能让大家仍旧积极参与呢?"珊珊是这个活动的主要发起人,看来还是挺认真的,已经在考虑未来的运营了。

"你想得还挺长远,你有什么打算呢?"我笑着问道。

"我担心时间长了,大家就没积极性了,所以我想找借书的同学收点费用,给负责日常管理的同学,这样也许就有积极性了。"女儿说出了她的想法,"但我不知道这样做好不好,让你帮我出出主意。"

"你说的这些,在管理上叫做'激励',也就是你说的调动积极性的意思。"我先告诉她一个名词,"但用什么方式来调动积极性,取决于你想把你们这个小团队,定为什么类型的组织。"

"调动积极性就是'激励',"女儿嘟囔了一句,"有哪些类型的组织呢?"她问道。

"一种叫'营利性'组织,是以赚钱为目的的;"我解释道,"还有一种叫做'非营利性'组织,也就是不以赚钱为目的的。"我接着问道,"你们是哪种类型的?"

"我觉得我们是'非营利性'的。"女儿想了一下,回答道。

"嗯,我的观点与你相同,"我肯定了女儿的回答,"那你觉得这两种类型的团队,哪一种激励更容易?"

"我觉得'营利性'的更容易,因为可以给更高的工资。"珊珊没有丝毫犹豫地回答。

"能给高工资当然就简单了,但如果给不了怎么办?"我反问道。

"嗯……"女儿无语了。

"美国NBA里面有很多球星工资很高,但是跟这些球星同队的一些队员工资并不高,为什么他们还愿意尽力打球?"我看到她不回答,启发道。

"那是因为和球星们在同一个队,拿总冠军的机会多啊!"女儿没事喜欢看篮球,这个她倒是很明白,"而且一旦拿了总冠军,还是有可能收入提高啊。"

"有些球星明明可以继续拿高工资,为什么愿意自降工资加入其他队?"我接着问道。

"也是为了圆冠军梦啊!"她马上回答,"哦,我明白了,总冠军是最吸引他们的,如果是为了这个,他们宁愿少拿工资。"珊珊想通了。

"还有的球队,同样一批优秀的球员,为什么有的教练就带不出成绩,而有的教练就可以带领球队取得好成绩呢?"我又换个角度问道。

"嗯……"女儿似乎没想过,考虑了一下,"也是因为总冠军吗?"她有点拿不准。

"当然是这个。"我先肯定了她的思路,"更重要的是,好的教练能够把每个人的角色与总冠军的目标联系起来,而且能让每个人都认同他的想法,因而自愿承担起相应的责任。"我接着说,"这个叫做'共识'!"

"爸爸,我明白了,大家有了共识,就会不太关注其他的东西了。"珊珊想通了。

"可是很多时候,很多事情不像篮球赛,有'总冠军'那么明确的目标的。"我又抛给她一个难题。

"是的,"珊珊同意我的看法,"就像我们这次的'图书角',好像就没有什么明确的目标。"

"那怎么办呢?"我问道。

"嗯……"她思考了一下,"虽然现在还没有明确的目标,但能不能让大家觉得参与这件事,可以让自己的能力得到提高呢?"

"这是个好办法,"我马上肯定道,"当然目标是不能完全没有的。"

"所以,首先要确定活动的目标,"她明白了,"而且这个目标可以逐渐变得越来越有吸引力。"

"然后呢?"我接着追问。

"然后……我觉得要把每个人都与这个目标联系起来,"她一边思考,一边说道,"让所有的人通过参与,获得提高自己能力的机会。"

"所以在具体活动的组织上,会有什么样的变化吗?"我接着追问。

"嗯……原来这件事,似乎就是为了给其他同学提供方便,有更多的图书可以阅读,而参与活动组织的人都是做服务的。"她完全明白了,"现在就不一样了,活动的目标变了,是通过开展'图书角'这件事,让参与活动组织的人不断进步。"

"这个想法很不错。"我马上肯定了她。

"还有还有,"珊珊兴奋了,"原来我还想请老师去跟大家分享阅读的体会,现在我觉得更重要的是让组织活动的人多交流,比如如何制作借阅卡片,如何让图书借阅更方便,如何让书发挥更大的作用,这样参与组织的人就会能力越来越提高了。"她的思路完全打开了,又直接向我发出邀请,"爸爸,你去给我们讲讲怎么管理吧?"

"这个活儿,我可以考虑。"我答应了她的请求,然后问道,"你觉得我答应你这件事,对你有什么启发吗?"

"嗯?"她没反应过来。

"你原来设计的工作里,会有我的角色吗?"我看她没明白,解释道。

"没有……哦！我明白了，"她恍然大悟，"因为目标变了，爸爸这样高水平的人也能够参与到我的活动中来了，"她还拍了我一句马屁，"这样一来，对提高大家的积极性更有帮助了。"

"其实正因为非营利组织的激励比较困难，"我总结道，"才逼着它们改变模式，找到更高的目标，不断提升自己的团队成员，还能让更高水平的人参与进来，这些非营利组织才得以不断发展壮大。"

"那营利性组织呢？它们也是这样吗？"珊珊想起了另一种类型的组织。

"营利性组织，哈哈，"我冷笑着，解释道，"它们经常喜欢走捷径，以为只要给了高工资就能达到最好的激励，殊不知金钱可是个'潘多拉的盒子'。"我看到珊珊明白了我说的'潘多拉'的意思，继续说道，"一旦打开了这个盒子，可就进入了'恶性循环'啰！"

"爸爸，我懂了，"她抢着说道，"'非营利'的组织才是'营利'组织的老师啊！"

管理知识

◎ 非营利组织，是指不以营利为目的的组织，而是追求拟定的社会目标。非营利组织所涉及的领域非常广，包括艺术、慈善、教育、学术、环保等。它的运作并不是为了产生利益，这一点通常被视为此类组织的主要特性。非营利组织还必须产生收益，以提供其活动的资金，但是其收入和支出都是受到限制的。非营利组织因此往往由公、私部门捐赠来获得经费，而且经常是免税的状态。

◎ 非营利组织的定位。彼得·德鲁克认为，社会是一个复杂的有机体，各类组织是它的不同器官，只有这些器官有效地发挥各自的功能，一个社会才能健康长寿。知识社会需要发挥不同功能并能协调配合的三种器官或称三大部门：第一个部门是公共部门，即政府；第二个部门是私营部门，即企业；第三个部门就是非营利组织，或称为社会部门。知识社会需要培育非营利组织这样一种新型"器官"，并且必须以不同于政府和企业的角色发挥社会功能——政府制定并执行规则，要求社会各部门服从;企业提供产品和服务，并期望获得回报。非营利组织作为社会部门，它的宗旨在于改造人，为社会培养合格的公民。它关心个人的精神需要，特别是知识工作者的精神需要，并给予其成员获得精神力量来缓解各种新问题带来的压力。

贰拾陆·评估点的设置

珊珊和我一样喜欢阅读。为此我把家里的客厅改成了书房,除了书桌之外基本摆满了书架,专门分给女儿两个书架,用来放她的书籍。这下好了,本来家里只有我一个人买书,现在成了两个人比着买,书架就成了稀缺品,逐渐放不下了,家里堆得到处都是书。

这个周末,一家人逛完书店,每个人又都拎了一包回来。一进门,珊珊把书往地板上一放,"累死了,我要洗澡了。"边说边往自己房间走。

"等等!等等!"我叫住她,"先把书收拾好!"

"不用收拾了,我需要看的时候从包里拿就行了。"她不想收拾。

"不行!"我加重了语气。

"好……吧。"她看我没有商量的余地,只好回来收拾书。

"把类别分分好,放到对应的地方,"我又提醒道,"我要检查喔!"

"其实分不分类有啥关系。"她嘟囔着,看我不说话,她冲妈妈说道,"妈妈,你觉得我们从日本回来,什么是最高兴的事?"

"什么事?"妈妈有点奇怪。

"就是不用天天给垃圾分类了。"她回答道。日本的垃圾分类确实麻烦,当时我们住的城市又是日本最严格的垃圾分类地区。我经常跟她们开玩笑,母女俩在日本住了那么久,到了离开的时候,都还没真正搞清楚怎么扔垃圾。

"那你觉得为什么要给垃圾分类?"我听出了珊珊话语中的弦外之音,反问道。

"法律规定呗!保护环境呗!"她显然没想过这事,顺口说道。

"为什么要这样规定呢?"我接着问道。

"嗯……"珊珊没有说话。

"你还记得值日的时候,怎么样才能最快回家吗?"我启发道。

"嗯……就是同学们少产生垃圾,最好不产生垃圾。"她想起来了。

"但不产生垃圾是不太容易做到的。"我说道。

"那就要养成直接放进垃圾桶的习惯。"珊珊明白了,"爸爸,这是为了提高效率,法律规定垃圾必须分类是为了提高效率。"

"是怎么提高效率的呢?能提高哪些效率呢?"我继续问道。

"嗯……我觉得首先是更好地利用垃圾了,"她想了一下说道,"因为不同类型的垃圾是有不同用途的,如果我们扔的时候就分好类,就可以直接送到再使用的地方了。"

"你说的是'垃圾再利用',"我解释道,"分类的好处就是提高了再利用的效率。"

"可是分得也太细了,一个瓶子还要分成好几样,太麻烦了。"珊珊又抱怨道,为了更好地回收,日本的饮料瓶分为瓶体、瓶盖和瓶子外侧的塑料包装三类垃圾。

"还有吗?"我没理她的抱怨,继续问道。

"还有……每次的玻璃瓶要洗干净,送到垃圾点还有人检查,没洗干净的还不要。"珊珊没听明白我的意思,继续抱怨道。

"为什么要这样做呢?"我顺着她的话问道。

"为什么?"她愣了一下。

"是因为瓶子特殊吗?"我看她没说话,接着问道。

"特殊……洗干净……哦,我明白了,"珊珊想通了,"是因为瓶子再次使用前,都要清洗……不对啊!"她又糊涂了,"不会因为我们扔之前洗过了,再用就不洗了呀?"

"洗的过程会有区别吗?"我提醒道,"你觉得瓶子拿回去后,会怎么洗?"

"怎么洗……肯定是机器洗啊! 哦,我明白了,"她恍然大悟,"是按什么标准洗!"

"你具体解释解释。"我说道。

"因为瓶子的数量很多,肯定是机器洗,为了保证所有的瓶子都能洗干净,就要先假定瓶子脏的程度,"珊珊明白了,"如果洗之前瓶子脏的程度是一样的,这样的话就最省事。"

"如果不一样该怎么办?"我马上问道。

"如果不一样,就会有的瓶子没洗干净,"她解释道,"要不然就要按最脏的那种情况处理。"

"是的,"我肯定道,"如果担心没洗干净,就要设置检查的环节;如果按最脏的情况处理,其实有大量的瓶子是没必要这样洗的,那就会浪费更多的水和清洗剂……"

"这些都会浪费成本!"珊珊抢着说道。

"那你明白为什么要找人在垃圾点检查了?"我问道。

"也是为了提高效率。"珊珊答道。

"这其实是'流程'的'评估点'设置的问题。"我解释道,"回收,清洗到再利用,也是一个流程,需要设置'评估点'。"我看珊珊明白了,继续说道,"评估就有可能发现问题,发现问题就会有'返工'的情况。那如何来设置'评估点'呢?"

"嗯……我觉得要考虑'返工'的成本。"珊珊想了一下答道。

"你这话跟没说有什么区别?"我不满意她的回答,"在不知道成本时如何判断?"

"嗯……那我觉得就应该越早越好。"她不是很有把握。

"评估的目的是什么?"我换了个话题。

"不是发现问题吗?"她有点奇怪我的问题。

"那发现的问题越多,就说明评估越有效吗?"我反问道。

"这……倒不是,"珊珊感觉到似乎哪里不太对劲儿,"应该是少发生问题才对啊……哦!爸爸,我明白了,评估的目的是不发生问题。"

"是啊,"我肯定道,"那'评估点'该如何选择呢?"我又回到原先的话题。

"应该越接近问题开始点越好。"她回答道。

"为什么?"我追问道。

"机器洗瓶子之后,即使发现了问题,也无法以后减少问题了,"这下她彻底懂了,"而在垃圾点检查,不仅可以发现问题,还可

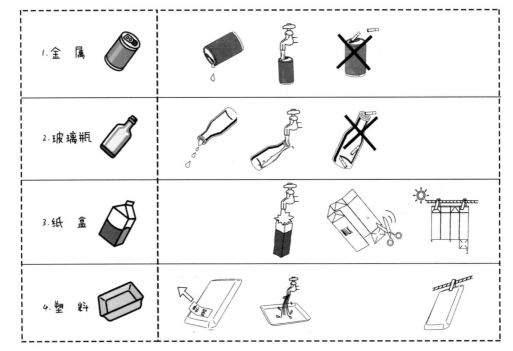

以直接提醒扔垃圾的人改正,以后出现问题的情况就会减少了。"

"是的,只有能够减少问题,评估才是有效的。"我解释道,"能减少问题的评估,虽然'返工'需要成本,但花了评估的钱是可以省钱的;不能减少问题的评估,就变成了查出问题越多越好了,'返工'也越来越多,岂不成了花钱是为了花更多的钱了?"

"爸爸,我懂了,"珊珊说道,"'评估'的评估,就是看是不是减少了问题。"

"哈哈,有道理。"我被珊珊绕口的话逗乐了,"那以后你把书分类放好这事儿,我们就不用设'评估点'了吧。"

"您放心吧,这就完事了。"珊珊大声答道。

管理知识

◎ 质量管理,是指确定质量方针、目标和职责,并通过质量体系中的质量策划、控制、保证和改进来使其实现的全部活动。世界著名质量管理专家戴明(William Edwards Deming)认为:"质量是一种以最经济的手段,制造出市场上最有用的产品。一旦改进了产品质量,生产率就会自动提高。"

◎ 全面质量管理(Total Quality Management,TQM),最先由美国的著名专家阿曼德·费根堡姆(Armand Vallin Feigenbaum)于20世纪60年代初提出,是在传统的质量管理基础上,随着科学技术的发展和经营管理上的需要发展起来的现代化质量管理,现已成为一门系统性很强的科学。首先,质量的含义是全面的,不仅包括产品服务质量,而且包括工作质量,用工作质量保证产品或服务质量;其次,TQM是全过程的质量管理,不仅要管理生产制造过程,而且要管理采购、设计,直至储存、销售、售后服务的全过程。TQM强调：好的质量是设计、制造出来的，不是检验出来的；质量管理的实施要求全员参与，并且要以数据为客观依据，要视顾客为上帝，以顾客需求为核心；在实现方法上，要一切按PDCA循环办事。

◎ PDCA循环，又叫质量环，是管理学中的一个通用模型，最早由沃特·阿曼德·休哈特（Walter A. Shewhtar）于1930年构想，后来被美国质量管理专家戴明博士在1950年再度挖掘出来，并加以广泛宣传和运用于持续改善产品质量的过程。PDCA是英语单词Plan(计划)、Do(执行)、Check(检查)和Action(行动)的第一个字母：

(1) P——计划，包括方针和目标的确定，以及活动规划的制定。

(2) D——执行，根据已知的信息，设计具体的方法、方案和计划布局；再根据设计和布局，进行具体运作，实现计划中的内容。

(3) C——检查，总结执行计划的结果，分清哪些对了,哪些错了,明确效果,找出问题。

(4) A——行动,对总结检查的结果进行处理,对成功的经验加以肯定,并予以标准化;对于失败的教训也要总结,引起重视。对于没有解决的问题,应提交给下一个PDCA循环中去解决。

以上4个过程不是运行一次就结束,而是周而复始地进行,一个循环完了,解决一些问题,未解决的问题进入下一个循环,这样阶梯式上升。

贰拾柒·谁来造车

今天放学后我去接珊珊,跟往常一样,一上车就兴高采烈地跟我聊学校的新闻。

"爸爸,你看那是电动车。"珊珊突然指着一辆迎面而来的车对我说道:"我们今天上课学电能的时候讲到了,下了课我们还在讨论呢!"

"哦?都讨论什么了?"我挺有兴趣。

"有个男同学说以后的汽车都是由互联网公司来生产了,我不太同意,"她说道,"但很多同学都同意他的观点。"

"哇!你们讨论的问题都是热点问题啊!"我有点惊讶,"他们为什么是这样的观点呢?"我接着问道。

"上次我们出去找不到路,妈妈就是用手机导航的啊!而且以后像路途中的情况啊,停车啊,充电啊,都需要了解很多信息才可以做到。"她转述同学们的观点,"这些信息,现在的汽车厂家都没有的,都在互联网公司那里,所以大家就认为互联网公司更适合造车了。"说完她又问了一句,"爸爸,你怎么认为?"

"看来你们信息化的课没白上。"我赞扬了一句,没回答她的问题,问道,"那你的观点呢?"

"我主要觉得造车是很复杂的,不是随便什么人都可以很快造好的。"我带女儿参观过很多汽车厂,她比较了解生产的复杂性,"但我觉得他们说的也挺有道理。"

"我们以前说过,当一个问题似乎难以判断的时候,该怎么办?"我顺便帮她复习一下以前讨论过的内容。

"嗯……要跳出问题思考,"她想了一下回答道,"跳到哪儿呢?"她不说话了。

"你觉得我们为什么要买车?"我提示道。

"嗯……更方便出行,想去哪儿就可以去哪儿。"珊珊想了一下说道,接着反应了过来,"哦,应该跳到买车的角度来考虑。"

"是的!"我肯定道,接着说,"你说的叫'代步',当然还有的人买车是为了炫耀,不过这个比例很低。"我又解释了一句,看到珊珊点了点头,接着问道,"那你觉得相比原来的'代步',现在有变化吗?"

"嗯……我觉得现在的车越来越多,所以越来越不好开了。"她想了一下,又补充道,"找不到路的时候变多了,还有……停车的地方也不好找了。"

"你说得很对,"我赞同道,"这说明虽然我们买车的目的是'代步'这一点没有变,但是'代步'所包含的内容有了变化。"

"爸爸,我觉得原来很多都不用考虑的,现在反而成了重要的了,"珊珊理解了我的意思,"有的时候,因为害怕没地方停车,索性就不去了。"

"是的,你觉得'代步'内容的变化,对汽车这个产品有影响吗?"我接着她的话问道。

"有的,我们希望汽车厂商能够提供更多的服务,帮助我们解决这些问题。"珊珊马上回答道。

"这些想法汽车厂家知道吗?"我继续问道。

"我觉得……知道,你看好多车都有导航了,"珊珊指着车上的导航说道,"但有些服务还没有。"她又补充了一句。

"这些服务其实是延伸了'价值链'。"我解释道,"生产汽车就像一个链条,存在着提供不同'价值'的角色,有提供材料的,有提供发动机的……最终,汽车厂家提供的'价值',就是装成一辆车。

可以把车看成一个工具,负责不出故障地让你开着抵达目的地。"

我看珊珊明白了,继续说道,"现在有了变化,除了原来的'价值',消费者又有了新的需要,希望了解很多信息来帮助选择目的地、选择路线,甚至包括选择停车位置。这就需要'价值链'的延长。"

"爸爸,就是说车要比原来更聪明。"珊珊插了一句。

"说得对,它要学会跟我们交流。"我表扬道,"其实除了价值链延长了,还有一个变化。"

"还有变化?"珊珊奇怪道。

"你刚才说没车位,索性不去了,"我重复了她刚说的一句话,"这说明什么?"

"嗯……这说明……信息更重要啊!"她说道。

"对!这说明除了'价值链'延长了,'要点'也发生了改变。"我解释道。

"要点?"她重复了一下。

"'要点'就是'价值链'的关键点,也是在链条上影响力最大的点。"我解释道。

"哦,我明白了,"珊珊说道,"原来汽车厂是影响力最大的,现在因为信息更重要了,所以有了变化。"

"是的,原来的'要点'大部分在'物'的汇集点,就像原来的汽车厂家,把所有的原材料组装成汽车,因此是要点;现在随着信息技术的发展,更多的时候,'信息'的汇集点,就成了'价值链'的'要点'了。"我补充解释道。

"所以,有信息的互联网公司们,就会有更大的影响力了。"珊珊明白了我的说明。

"要点达到一定程度,可能会发生更大的变化。"我继续说明道。

"什么样的变化?"珊珊没明白。

"回到你刚才说的,如果你停不了车,但又必须要去的话,会怎么办?"我反问道。

"那……我就只好坐出租车了。"珊珊无奈道。

"不是还有可供出租的自行车吗?这里借了车,可以在任何地方还?"我启发道。

"自行车太慢了……"珊珊答道,"等等,你的意思是可以有像自行车这样供出租的汽车?"

"也就是说,不一定需要'代步'工具了?"我没回答,反问道。

"哦!是啊!"珊珊恍然大悟,"这样来说,真的没有必要自己买车了。"

"如果这样的话,这些车是谁提供呢?"我继续追问。

"那……应该是有信息的人。"她想了一下说道,"爸爸,难道你也同意我的同学们的观点?未来是互联网公司造车?"她接着问道。

"你觉得原本占据'要点'的人,会心甘情愿地让出来吗?"我还是反问。

"肯定不愿意,"珊珊马上说道,"哦,我懂了,其实爸爸的意思是都有机会?"

"你说说为什么都有机会。"我马上追问道。

"一方是有信息,但其实'代步'所需要的信息很多,这些信息不在一个人手上。"珊珊看我点点头,"从汽车厂家这面来说,肯定不愿意当配角,而且有些信息还与厂家有关。"说完又补充道,"我还是觉得汽车很复杂,不是那么容易造的。到底会是什么结果呢?"珊珊又纠结了。

"不错,分析得很充分。"我拍拍她的脑袋瓜,安慰道,"不过,这不是要你想明白的事,鹿死谁手,咱们就坐享其成吧!"

管理知识

◎ 价值链分析法，是由美国哈佛商学院教授迈克尔·波特提出来的，是一种寻求确定企业竞争优势的工具。企业有许多资源、能力和竞争优势，如果把企业作为一个整体来考虑，又无法识别这些竞争优势，这就必须对企业活动进行分解，通过考虑这些单个的活动本身及其相互之间的关系来确定企业的竞争优势。

◎ 知识价值链。伴随着信息流在企业价值网的移动，企业知识链同时产生，知识流也形成，由此就产生了价值链与知识链相互交织的复杂系统。价值链的顺畅，可以使企业的资本增值，而知识链的顺畅可以使企业持续发展。知识链与价值链共同作用，构成了一个复杂的知识-价值链体系，在知识经济时代发挥巨大作用的一种新的企业运营模式——知识价值链就此产生。

◎ 信息价值链，以信息服务为目的，认为技术系统是指导组织活动过程中的关键要素，而人只是相关的被动

"处理机",其作用是保证正确执行信息库中得到的"最佳方案"。信息价值链是以信息技术为核心的,强调的是信息技术的价值;而知识价值链以创新为目标,认为人力系统才是最关键的组成部分,只有人们不断地认识和评估技术系统提供的信息,才能够更好地实现制定的目标。知识价值链以知识为中心,以人为本,强调人的价值。

贰拾捌·数据的用途

周末没事,与女儿一起看网球赛。中国金花们在国际大赛上捷报频传,也带起了大众网球热潮。我住的小区里面有个网球场,原来是门可罗雀,现在又整修一新,开了好多网球训练班。珊珊也买了拍子,报了名,开始学网球,于是对电视里转播的网球赛也有了兴趣。

"爸爸,为什么每次中间休息,都要显示那么多的数据呢?"网球比赛的局间,往往把上一段比赛中双方球员的数据显示出来,像是"一发成功率""非受迫失误""Ace 球得分"等,珊珊很奇怪,向我问道。

"你觉得呢?"我没有回答,反问道。

"难道这是在'评估'球员的表现吗？但也太频繁了吧！"她想了一下，自言自语道。

"你还记得上次看羽毛球赛的时候，我们讨论的内容吗？"我提示道。

"记得，"她歪着头，想了一下说，"比赛是为了发现球员的不足，不断地提升自己的短板。"珊珊的记性不错，回忆了起来，"难道这是为了发现球员的不足之处？"她问道，"那不是大家都知道了？对手也知道了？"

"怎么发现不足呢？"我继续问道。

"嗯……"这点她似乎没想明白。

"其实这些都是'数据'，数据往往有两种作用，一种是'回答问题'，另一种是'提出问题'。"我解释道，"你用这个方式考虑考虑。"

"哦，我明白了，"她说道："这些数据'回答问题'的作用，是评估一下平常训练的结果，看看是否达到了训练的目的。"说完后顿了一下，自言自语道，"那怎么'提出问题'呢？"

"你认为会提出什么样的问题呢？"我看她在那儿琢磨，问道。

"我觉得应该是围绕着以后改进的方向，提出问题。"她犹豫了一下，回答道。

"很对！'回答问题'是针对'行为'的；'提出问题'就是针对能

力的了。"我肯定了她的回答,解释道。

"哦,我懂了,这些数据其实都是关于球员们打球'行为'的数据,因此可以用来评估他们行为的改变,"她明白了,"而'提出问题'是针对改进的,就是未来'能力'提高的方面了。"

"那你觉得要想针对'能力提高'提出问题,需要什么样的数据?"我又抛出一个问题。

"什么样的数据……"她考虑了一下,"我觉得只有单次的数据,'回答问题'是可以做到的。但是想用来'提出问题'就比较困难了,可能需要更多的数据。哦!原来这就是频繁给数据的原因!"她恍然大悟。

"你说得很对,这些数据的频繁给出,的确是要帮助'提出问题',有时候这一场比赛还不够,甚至还需要对比历史数据。"我解释了一下,进一步问道,"那这些数据是给谁看的?"

"显示在屏幕上,不是给我们看的吗?"她有点奇怪我提出的问题。

"我们看了,即使能够提出问题,你觉得有意义吗?"我反问。

"哦,那倒是的,"她明白了我的意思,"那应该是给球员的教练看的才对。"

"你觉得我们平时的生活中,接触到数据的时候多吗?"我接着问道。

"那当然很多了，"这次她没有犹豫，马上答道，"我觉得几乎每时每刻都会接触到数据。"

"那你接触到的这些数据，对你都有用吗？"我追问。

"用处……不大……"她考虑了一下，"有时候甚至也不知道该怎么用啊！"

"你觉得记录这些数据的人，知道怎么用吗？"我问道。

"应该也不知道……"她犹豫了一下，答道。

"其实能给我们提供用处的是'信息'，但不是每个人都能够把'数据'处理成信息的。"我解释道，"就像这些比赛中的数据，是谁把它们变成有用的'信息'的？"

"教练！"珊珊肯定地回答道，还点了点头，似乎要加强一下她的选择，"哦，我明白了，即使有很多数据，还是要有特殊的人才能把数据变成有用的信息。"

"你说得对，"我肯定道，"只有加工成了'信息'，才能用到未来的工作中去。"

"所以即使显示在屏幕上，让所有人都看到，其实也是不要紧的，"她放下了刚才对数据外泄的担心，接着说道，"不是每个人都能'看懂'的。"

"即使看懂了这些数据,其实也问题不大。"我说道。

"看懂了也没问题?"珊珊奇怪了。

"光有这些数据'加工'出来的信息,就够了吗?"我看她没明白,启发道,"单凭这个,就能了解这个球员啦?"

"哦,对了,"珊珊听懂了我的意思,"其实还需要个人的信息,光有外部的信息,还是没有用的。"

"如果光有内部的信息呢?"我换了个角度。

"光有内部的也不行,"她马上说道,"那就没办法'提出问题'了。"

"不错!不错!"我拍了拍她的肩膀,"记住了'提出问题'这个概念。"

"那内部的信息应该也是从数据加工来的吧?"她问道。

"一定的,"我回答道,"这就是教练的另一项重要任务了,不仅要记录平常训练的大量数据,还需要及时地把它们加工成有用的'信息'。"

"难怪好的教练才那么抢手了,"女儿一点就透,还联想到了这个,感慨道,"他又要能加工内部的信息,又要能看懂外部的数据。"

"那你明白球员参加比赛的目的了?"我突然转换了问题。

"嗯?"珊珊有点没反应过来,想了一下答道:"为了外部数据啊,只有参赛才能得到数据,才能加工出信息啊!"

"你说得对!"我肯定道,"很多时候,只有参与了竞争,才能产生更有效的数据,加工出来的信息也才更有价值。"

"可是也得有人提供数据啊?"我刚想问的问题,珊珊自己想到了。

"你觉得哪种数据得到的代价更高?"我延伸问道。

"应该是……外部的数据,"珊珊考虑了一下,继续说道:"内部毕竟容易些,外部的数据就困难得多了。"

"你说得对,有时候我们花了很高的代价才得到了外部的数据,"我同意道,"但却没有发挥出应有的价值,这就是最遗憾的事啦!"

管理知识

◎ 信息、数据和知识既存在密切的内在联系,又有着显著的区别。

◎ 信息、数据和知识之间的联系:

数据、信息和知识这三者都是社会生产活动中的一种基础性资源,都可以采用数字、文字、符号、图形、声音、影视等多媒体来表示。而且,它们都同时具有客观性、真实性、正确性、价值性、共享性、结构性等特点。

数据、信息和知识是知识工作者对客观事物感知和认识的三个连贯的阶段。

(1) 数据的组织阶段。数据是一种将客观事物按照某种测度感知而获取的原始记录,可以直接来自测量仪器的实时记录,也可以来自人的认识,但是大量的数据多是借助于数据处理系统自动地从数据源进行采集和组织的。数据源是指客观事物发生变化的实时数据。

(2) 信息的创造阶段。信息是根据一定的发展阶段及其目的进行订制加工而生产出来的。信息系统就是用于加工、创造信息产品的人机系统。根据对象、目的和加工深度的不同,可以将信息产品分为一次信息、二次信息直至高次信息。

(3) 知识的发现阶段。知识是知识工作者运用大脑对获取或积累的信息进行系统化的提炼、研究和分析的结果,知识能够精确地反映事物的本质。

数据、信息、知识三个阶段是螺旋上升的循环周期。人们运用信息系统,对信息和相关的知识进行规律性、本质性和系统地思维活动,创造新的知识。之后,新的知识又开辟了需要进一步认识的对象领域,然后使人们补充获取新的数据和信息,进入新一轮的上升式循环周期。

◎ 信息、数据和知识之间的区别:

(1) 特征不同。数据具有真实性、客观性的特点;信息具有针对性、时效性、减少不确定性的特点;知识具有规律性、本质性、系统性的特点。

（2）获取途径不同。数据通过采集获得；信息通过加工获得；而知识是实践经验的总结，是信息的结晶，它是通过实践和学习获得的。

（3）对知识工作者的支持过程不同。知识工作者运用数据处理系统进行数据的编码、采集、录入、存储和处理，这是数据的组织过程。知识工作者应用信息系统进行信息的捕获、导入、存储、加工、挖掘、传输、使用和支持，这是信息的创造过程。知识工作者在智能化的信息系统支持下，运用大脑进行知识的获取、提炼、分析、研究和发现，这是知识的发现过程。

贰拾玖·晚会的问题

周末我要去保养车子,叫上珊珊和我一起。她从没看过汽车的保养过程,倒是挺有兴趣,答应陪我一起去。因为之前就做了预约,车子一到,服务人员就把车开到保养区域。珊珊第一次来,比较新鲜,先在前面的大厅和休息区转了一圈,转完对我说道:"爸爸,我们去看看车子吧?"

"好,到后面去看看。"我一边说,一边带着女儿来到了车间里,"怎么我看你今天好像情绪不是很高啊?是最近学习累了吗?"我注意到珊珊今天有点无精打采,随口问道。

"不是学习的事儿,"她欲言又止,"跟你说也没用……"

"怎么了？碰到什么难题了？"我看她这个态度,倒是更要了解缘由了。

"是这么回事,"她看我追问,于是说道:"昨天我和同学吵架了。"

"哦？怎么回事？"我问道。

"还不是因为元旦晚会的安排,"她有点没好气地说道,"我把节目次序做了一点调整,他不同意,结果就在昨天的碰头会上吵起来了。"珊珊最近正在筹备即将到来的元旦班级活动,吵架的一方是和珊珊一起负责这次活动的一位同学。

"你调整了什么呀？"我问道。

"其实都是我负责的这一块,只不过是要他做一些配合而已。"她说明道,"再说,老师也说了由我总负责的呀。"

我大致明白了原因,说道:"那之前的节目流程是讨论过的吗？"

"那是上次讨论过的,不过也没说是最终版啊？"看来珊珊觉得权威受到了挑战,说着说着嗓门大了起来。

"别急！别急！咱们不是闲聊嘛？"我赶紧先安抚了一句,接着说道,"那你调整之前,和他商量了吗？"

"我干嘛要跟他商量,我是负责人。"珊珊不太服气。

"那这件事最后怎么处理呢？"我又问了一句。

"谁知道,大不了让老师决定呗！"她没好气地说道。

贰拾玖·晚会的问题

"哦!"我彻底搞清楚了事情的原委,看到旁边师傅正在更换机油,指着师傅手里拿着的油桶问珊珊,"你知道这里面是什么吗?"

"嗯?"珊珊看我突然扯开了话题,有点奇怪,看了一眼油桶,回答道,"不知道,是什么?"

"这是机油。"师傅看到珊珊不知道,替我回答道。

"那你问问师傅这是做什么的?"我让珊珊继续了解,珊珊扭头看着师傅,等着回答。

"机油就是润滑油,是用来减少汽车零件之间的摩擦的。"师傅看着珊珊回答道,接着继续手上的工作。

"为什么要减少摩擦?"珊珊没太明白,向我问道。

"汽车上的零件,会有很多相互之间的运动,"我用手比划着说道,"而两个相对运动的物体之间,就会产生摩擦。很多零件都是金属的,摩擦的时间长了,就会有磨损,就会影响汽车的性能了。"

"哦,那润滑油就是减少摩擦的,"珊珊明白了,"就像洗澡时,毛巾抹上润肤液,擦皮肤就不疼了。"

"哈哈,这个比喻挺形象。"我被她的比喻逗乐了,接着问道,"你看地上桶里黑乎乎的,就是换下来的机油,说明它把混进零件之间的脏东西也带了出来,这样就更能减少磨损、保护零件了。"

"哦,那叔叔加进去的就是新的润滑油了?"她看着师傅往车里倒机油。

"是的,车子刚买来的时候,里面都是新的机油,开了一段时间,就要来保养,换新的机油了。"我说明了一句,接着问道,"你觉得为什么要在没用之前,先加润滑油?"

"嗯?"她愣了一下,"不是防止摩擦损坏零件吗?"

"如果不加润滑油,或者总是不换油会怎么样?"我继续问道。

"那……零件就会很快出问题,就要花更多的钱换零件了。"她说道。

"甚至严重了不仅要换零件,车子都会出大问题呢!"我强调了问题的严重,"那你觉得吵架像不像是摩擦?"

"嗯?"听我突然又换了话题,珊珊没反应过来,"倒是有点像呢。"珊珊笑着回答道。

"那要不要加点'润滑油'呢?"我也笑着问她。

"确实要加点。"她笑得更厉害了。

"那该什么时候加呢?"我收起笑容问道,"等着出了问题再加?"

"爸爸的意思……是应该提前商量?"珊珊明白了我的意思,也回到了最初讨论的话题上。

"我更愿意把'商量'叫作'沟通'。"我解释完又问道,"现在你觉得'沟通'能解决你们的问题吗?"

"'沟通'……我觉得比较困难,似乎谁也不愿意让步了。"珊珊重复了一句我刚说的词,接着说道。

"那看来当问题出现后,'沟通'是难以解决问题了?"我继续追问。

"是的,"珊珊犹豫了一下,"反正我又没错。"

"其实针对这件事可能谁都没错,都是为了这个活动,"我说道,"但毕竟问题出来了,总要解决啊?"

"其实最好是当没发生。"她又来气了。

"其实不发生确实是个好办法,"我顺着她的话说道,"怎么才能不发生呢?"

"不发生?哦,我懂了。"她想明白了,"要提前沟通,只有提前沟通,才能不发生问题。就像润滑油要先加,才会减少摩擦。"

"你说得对!"我马上肯定道,"其实'沟通'很多时候很难解决问题,但是如果提前'沟通',就可以避免问题的发生。"

"爸爸,我懂了,"听我说完,珊珊说道,"我没有提前沟通,所以才发生了问题,看来还是我的错。"

"作为活动的负责人,更要有提前'沟通'的意识。"我点了点头,肯定了她的观点,"否则出了问题,你还是需要去面对解决。至于上交问题给老师,我看是最不可取的办法了。"

"爸爸,我懂了,这次如果他坚持,就按他的意见办,"珊珊想到了解决办法,"但以后,我不会再让问题出现了,因为我会……"

"提前沟通!"我们俩异口同声地说道。

贰拾玖·晚会的问题

管理知识

◎ 非暴力沟通,是马歇尔·卢森堡(Marshall B.Rosenberg)在其著作中提出的一种沟通方式,依照它来谈话和聆听,能使人们情意相通,和谐相处。非暴力沟通基于以下的意识:人与人是相互依存的(Interdependence);与人协作(Power with)而不强迫(Power over)。包括以下4个方面:

(1) 区分观察和评论,能够不带预设地仔细观察正在发生的事情,并具体指出正在影响我们的行为和事物。

(2) 区分感受(Feeling)和想法,能够识别和表达内在的身体感觉和情感状态,而不包含评判、指责等。

(3) 体会与正发生的事情和感觉相关的需要——所有人共同的需要(如食物、信任、理解等)——是否得到满足。

(4) 提出具体、明确的请求(要什么,而不是不要什么),而且确实是请求而非要求,希望对方的行为是出于由衷的关心(Compassionate Giving),而不是出于恐惧、内疚、惭愧、责任等。

非暴力沟通强调我们对自身的感受、行为以及对他人做出反应时的选择负责，以及如何致力于建立协作性的人际关系。有助于促进相互尊重、关注和理解，进而引发双方互助的愿望。

叁拾·打牌的配合

周末是家庭聚会的日子,我和珊珊早早地到了餐厅。没想到有两家被堵在了路上,闲来无事,于是两家父女搭档,拿来了扑克牌,玩起了最近流行的"掼蛋"游戏。

"掼蛋"游戏是两个人一家,融合了"跑得快"和"升级"的打法,只要某一方的一个人先出完所有的牌,就算是基本胜利了,取得了"升级"权利。最终能够升几级,取决于另一个人出完牌的名次,第二个出完升的级数最多,最后一个出完,则升的级数最少。

打玩一局,我和珊珊输给了对方,于是换了其他人上场。

一下来，珊珊就问我："爸爸，咱们总结一下吧，你觉得我们为什么输了？"

"你知道这个游戏的关键是什么？"我问道。

"嗯……应该是保证一个人最先出完。"珊珊想了一下，说道。

"光靠一个人自己出，能每次都最先出完吗？"我又问道。

"估计够呛，"珊珊说道，"除非牌抓得特别好。"

"那你觉得该怎么办呢？"我问道。

"我觉得必须要两个人配合。"她回答道。

"你觉得如何配合呢？"我顺着她的话继续问道。

"这就是我最苦恼的地方了，"珊珊说道，"虽然我明白要配合，但是我总是不知道该如何配合？"

"你觉得你们每次值日的时候，打扫卫生配合得怎么样？"我突然换了个话题。

"嗯？"她一时没反应过来，"我觉得配合得很好啊，自从上次我们整理过流程之后，现在每次很快就可以完成值日了。"

"你觉得为什么可以很快就完成呢？"我追问道。

"嗯……"她想了一下，"因为大家都知道自己该干什么，该怎么配合，所以就很快啊。"

"你觉得每个人对值日的流程都很了解吗？"我接着问道。

"都很了解，"珊珊没有迟疑，"这都是大家一起讨论的。"

"为了一个目的做一件事，如果是多个人参与的，我们就认为这是一个'团队'。"我看着珊珊说道。

"团队，"她重复了一下，"这个我明白的，我们值日小组就是一个'团队'。"

"是的，"我肯定道，"要想把想做的事做好，需要三样信息：目标、流程和评估。"我看她点了点头，继续问道，"你觉得'值日'这件事具备这三样东西吗？"

"目标是'早点回家'，哈哈。"珊珊笑着说道，"'流程'大家都知道，至于'评估'就是我的检查，都有了。"

"这些信息会经常变化吗？"我马上问道。

"不会经常变化，"她想了一下，说道，"流程可能会优化，但是不会很经常的。"

"'优化'这个词用得很准确。"我表扬了一句，接着话题一转，"那你觉得你和我打牌组成的团队，刚才那三个信息也有吗？"

"嗯……"珊珊听我转回了原来的话题，考虑了一下，说道，"'目标'是争上游，'流程'是……"她有点语塞了。

"怎么了，为什么不说了？"我追问道。

"好像没有固定的流程……"她迟疑地说道，抬头看着我。

"为什么没有固定的流程?"我还是提问。

"因为每把牌都不一样,"她解释道,"怎么制定流程呢?"

"很好,"我赞同道,"你刚才说的一点很重要,就是达成目标的'流程'似乎总在变化。"说完我问,"但'流程'是否存在呢?"

"还是应该有的……"她开始思考,"爸爸,我明白了,因为每一把牌都有变化,所以我们每一把都要制定流程!"

"怎么制定呢?"我追问道。

"嗯……上次我们谈过打牌的事……"她一边想一边说道,"爸爸当时说要通过'交换牌情'发现我们的优势,其实这就是帮助制定'流程'的!"

"不错,还记得上次的讨论,"我夸奖了一句,接着问道,"'交换牌情',就是为了制定'流程'?"

"嗯……不完全是,"她想了一下,"其实每一把的'目标'也可能不一样,可能'交换牌情'的结果是争取上游,也可能是'避免下游'。"

"为什么呢?"我追问道。

"因为要根据'牌情'啊?"她反问道。

"所以现在你明白刚才说的三个信息了?"我又回到刚才她没回答的问题。

"通过'交换牌情'的结果,判断这一局的'目标',制定实现目标的'流程','评估'是……"她又语塞了。

"'牌情'一下子就能'交换'清楚吗?"我看她语塞,启发道。

"哦!我明白了,"她恍然大悟,"'评估'就是不断用后面的'牌情'去判断前面的'牌情',爸爸对吗?"

"哈哈,"我笑着点点头,又问道,"'牌情'怎么'交换'啊?"

"交换,"她自言自语了一句,"就是通过彼此出的牌来判断啊!"

"是的,因为打牌是不能说话的,"我同意道,"那需要我们具备什么能力?"

"要记住出的牌,这需要'记忆能力',"她一边写,一边说道,"还必须有默契!"

"你说得对,这种游戏,非常强调双方的默契配合。"我肯定道,"那你觉得打牌的团队和你们值日的团队,有什么不同呢?"我继续追问。

"嗯……"她思考了一下,总结道,"我觉得最大的不同,就是您说的'目标'、'流程'和'评估'这三样信息在两种团队里的差异。在值日团队里,这些信息是不变的;但是在打牌团队里,这些信息总是在变化。"

"你说得很对。"我肯定道,接着又问,"那对团队成员的要求一样吗?"

"很不一样，"她这次没犹豫，答道，"打牌团队的要求高多了，需要默契配合，一个人一变，其他人都要跟着变。"

"你说得对，"我又肯定道，"值日团队是依据设定好的过程和信息运转；而打牌团队，每个成员需要根据团队其他成员的临时信息马上做出调整。"我解释完，又追问道，"你刚才说要跟着变，怎么变？变的目的是什么？"

"嗯……"她没说话。

"发现牌好怎么办？发现牌差又怎么办？"我提示道。

"哦！我明白了，"她反应了过来，"要么就是'集中优势'争上游，要么就是'互相掩护'避免下游。"

"你觉得'配合默契'这件事有尽头吗？"我换了个角度。

"没有尽头。"珊珊说道，"爸爸，其实这就像很多的双打，配合的时间长了，都不愿意分开，因为越配合越默契……"

"哪种团队更强？"我把她从联想中拽回来。

"这还用说，"她马上答道，"肯定是'双打'团队啊，即便是两个单打水平更高的临时组合，也打不赢长期配合的'双打'组合！更别说值日形式的团队了。"

"好啊，走！到我们上场了。"我看到朋友们又打完了一局，说道。

"好嘞！双打啰！"珊珊欢呼道。

管理知识

◎ 团队,是指一种为了实现某一目标而由相互协作的个体所组成的正式群体。团队是由员工和管理层组成的一个共同体,它合理利用每一个成员的知识和技能协同工作,解决问题,达到共同的目标。团队的构成要素总结为5P,分别为目标、人、定位、权限、计划。

(1) 目标(Purpose):团队应该有一个既定的目标,为团队成员导航,知道要向何处去。没有目标,这个团队就没有存在的价值。

(2) 人(People):人是构成团队最核心的力量。不同的人通过分工来共同完成团队的目标,在人员选择方面要考虑人员的能力如何、技能是否互补、经验如何。

(3) 团队的定位(Place):包含团队的定位和成员个体的定位。

(4) 权限(Power):领导人的权利大小与团队的发展阶段相关,一般来说,团队越成熟,领导者所拥有的权利相应越小,在团队发展的初期阶段领导权是相对比较集中的。

(5) 计划(Plan):需要一系列具体的行动方案,团队按照计划一步一步地贴近目标,从而最终实现目标。

◎ 团队类型:问题解决型团队、自我管理型团队、多功能型团队和虚拟团队。

(1) 问题解决型团队:是为了解决组织中的某些专门问题而设立的。

(2) 自我管理型团队:拥有较强的自主决策权,例如进行工作分配、决定工作节奏、决定团队的质量如何评估,甚至决定谁可以加入到团队中来等。

(3) 多功能型团队:由来自于组织内部不同部门或工作领域的员工组成,打破了部门之间的界限,使得来自不同领域的员工能够交流,有利于激发出新观点,协调解决复杂的问题。

(4) 虚拟团队:利用计算机和网络技术把实际上分散的成员联系起来,以实现一个共同目标的工作团队。

叁拾壹·增加书籍

我现在对健康越来越重视,于是每年都给珊珊安排了一次体验。今天是体检的日子,我带着珊珊来到医院,一个项目一个项目地检查,因为来得比较早,人还不多,到了后面的项目,人开始多了起来。我和珊珊坐在椅子上排号。

"最近在学校有什么新闻吗?"我闲着没事,随口问道。

"没什么新闻,都挺好的,"她回答道,"就是……"

"怎么了?"我看她欲言又止的样子,关心道。

"就是我们的'图书角',有点小问题。"她看我追问,回答道。

"什么问题?"我继续问道。

"大家都挺有兴趣的……借书的同学很多。"她说道。

"那不是很好吗?"我奇怪道,"借书的人多,说明你们办得很成功啊!"

"就是因为借书的多,"她看我没明白,解释道,"书都不够了,我们打算增加图书,可是大家的要求不一致。"

"哦,原来是这样,"我明白了,"都有什么样的要求啊?"我问道。

"有的同学喜欢历史方面的,有的同学喜欢动漫……"珊珊说了几个不同的种类,"可我们只有两个同学负责管理借阅图书,现在要添置的这些种类,我们都不熟悉。"

"哦,原来是众口难调。"我笑着说道,"那你们打算怎么办呢?"

"这就是我说的问题呢,"她回答道,"我们本来打算增加几个同学帮忙,可是又不知道这样做是否合适。"

"担心什么呢?"我问道。

"嗯……"她犹豫了一下,似乎下了决心,说道,"这个'图书角'是我和另一个同学一起发起的。现在我是负责人,他是具体管理。如果增加了同学,而且需要由增加的同学负责决定添置什么样的图书,我怕管不好。"

"为什么会管不好?"我还是没听明白,追问了一句。

"那些历史啊,动漫啊,好多我都不太熟悉。"珊珊有点不好意思地回答道。

"哦,我明白了。"我恍然大悟,"你是觉得在添置图书的领域,其他同学比较专业,而你又不太熟悉,所以无法管理这些同学。"我看到女儿点了点头,接着问道,"那你打算怎么办?"

"同学们的需要我们肯定要满足,"她说道,"所以我想请爸爸跟我聊聊历史或者动漫这些知识,最好能给我推荐添置哪些书比较适合我们。"女儿提出了她的要求。

"历史的知识,如果你感兴趣,我很愿意跟你聊。但是动漫我可是个门外汉。"我笑着说道。然后我收起了笑容,说:"但了解这些知识,如果只是为了添置书籍,现在明明有了解这些的同学,为什么不直接请教他们呢?"

"嗯……"女儿不说话了。

我知道女儿的自尊心很强,图书角又是她发起的,显然不想因为不懂,在同学们面前露怯。我要想办法调整一下她的心态。

"你觉得在医院当院长这个活儿好干吗?"我环顾了一下旁边的环境,换了个话题。

"院长?"珊珊没反应过来,想了一下,说道,"应该不太好干,这么大的地方,这么多人。"她答道。

"你觉得最大的困难是什么?"我继续问道。

"最大的困难?"珊珊没想过这个问题,没有说话。

"你知道医院里有多少科室吗?"我启发道。

"那太多了,"珊珊来过很多次医院,"儿科、外科、内科、骨科……"她罗列了很多。

"每个科都有专家吗?"我问道。

"都有的,"珊珊肯定地回答,说完指了一下大厅里的显示屏,"你看,那上面还有不同科室专家们的介绍呢。"

"你觉得院长是医生吗?"我问道。

"应该是的,"她一边回答,一边仔细看专家介绍,希望找到院长的介绍。

"你说得对,他确实是医生,"我一边说,一边拍拍她,把她的注意力拉回谈话,"你觉得他什么科都懂、什么病都能看吗?"

"那不可能,"珊珊马上答道,"每个科都很不一样呢!"

"如果医院要新开一个科室,院长是会自己转行到这个科呢,还是采取别的方式?"我马上追问道。

"肯定自己不会转行,当然是找新开科室的专家呀!"珊珊答道。

"那院长又不懂,怎么管理呢?"我还是追问。

"嗯……"珊珊考虑了一下,"是不是可以从病人的治疗效果,来评估专家的工作。"

"从工作的评估来看,这个方式是可以的。"我认同了她的观点,"但是在科室开办之前,用什么标准来选择专家呢?"我又问道。

"选择专家的标准……"珊珊重复了一句,"……看这个专家之前的表现?可是院长自己并不懂啊?"她自言自语道。

"即便是水平很高,是不是就能合作得很好?"我看她没了主意,提示道。

"哦,我懂了,"她想通了,"目标!是要有共同的目标!"

"你详细说说。"我让她梳理一下。

"我觉得院长不懂没关系,但是需要和专家沟通医院和科室的目标,"她解释道,"如果目标达成一致,就可以合作了。"

"你的图书角有目标吗?"我又回到了最初的话题。

"'图书角'的目标……"她想了一下,"有目标,就是让同学们通过阅读课外书,获得更多的知识。"

"你觉得其他同学,特别是了解历史、动漫这些领域的同学,认同这个目标吗?"我问道。

"我觉得他们都认同的,而且他们都很喜欢'图书角'。"珊珊马上说道。

"你觉得院长不懂新建科室的专业知识,别人会笑话他吗?"我突然问了一句。

"当然不会,哦……我明白爸爸的意思了,"珊珊明白了我的问题,"我即使不懂这些领域,也没关系的。"

"你说得对,没有人什么都懂的,"我解释道,"但是大到一个组织,小到一个团队,靠什么来管理呢?"

"我觉得是靠'目标',"珊珊说道,"关键是目标一致!"

"那么,'组织'到底是个什么东西呢?"我又问道。

"组织……是把'专家'放到一起吗?"珊珊有点不太确定。

"为什么要把'专家'放到一起?"我反问道。

"因为……没有人什么都懂啊。"珊珊答道。

"其实是因为'组织'要做的事,越来越复杂,"我说明道,"因此必须要有专门的人来做,但'专'到一定程度,一个人已经没办法完成整件事了,就必须要团结起来一起做。"

"爸爸,我懂了,'组织'就是'专家'组成的团队,这样做事的效率会更高。"珊珊彻底明白了。

"那如何来管理这样的'组织'呢?"我延伸道。

"我认为具体领域工作的管理,就应该交给'专家'们,因为只有他们才懂。"珊珊回答道,"至于整个'组织'的管理者,就是制定大家都认可的目标,还要为大家的工作提供支持,把效率提得更高。"

"那'图书角'该怎么办呢?"我回到了开始的问题。

"当然要让更多的'专家'参与,"珊珊还开了句玩笑,"估计我们'图书角'书籍的种类会越来越多了。"

"走,到我们检查了。"我拍拍她的脑袋。

管理知识

◎ 知识管理的核心就是对知识工作者创造力和智慧的管理。德鲁克认为，知识工作者的管理应该注意以下方面：

（1）强化知识工作者的责任心是提高其生产率和成就的关键。知识工作者必须清楚组织的目标和自己的目标分别是什么，并承担责任。

（2）知识工作者必须能够评价自己的贡献。

（3）让知识工作者做他们的本职工作是最重要的规则。如果不能发挥所长，再强烈的热情和积极性都会被扼杀。

（4）知识是一种高级资源，知识工作者价格不菲。因此，为他们提供合适的职位是充分发挥其生产力的关键。定期依据工作情况进行调查和划分级别，是对知识工作者进行有效管理的必要途径。一旦他们被放错了位置，无论他们积极性多高、资质多好、多敬业，也不会产生多大效益。

叁拾贰·班级目标

现在电视台的竞争越来越激烈,每个电视台都推出了很多民众参与的节目,对抗式的智力问答就是一种观众喜爱的类型。这种对抗不仅要求选手有很好的知识广度,还需要极好的反应能力,通过对题目的快速应答,不断把压力转移到对手,增大对手在压力下犯错的机会,赢得比赛。珊珊比较喜欢这种类型的电视节目,这个周末,珊珊和我一边看智力问答节目,一边闲聊。

"爸爸,老师让我带着班委制订明年的班级工作计划,"珊珊趁着广告时间,扭头看着我问道,"以前我没做过,该怎么制订计划呢?"

到了年底,老师们开始让班干部考虑明年的工作了。"你打算怎么做计划?"我反问道。

"我觉得需要先确定明年的目标,可是该怎么确定目标呢?"看来她之前考虑过,说完又补充了一句,"我觉得可以做的事情很多。"

这是一个复杂的问题,我没有说话,心里想着该怎么启发她,看着节目又继续了,我灵机一动,问道:"你看,为什么这个选手这么厉害,还没等到主持人把题目念完,就给出了答案?"

今天的选手应该很熟悉各种类型的题目,例如主持人刚把题目念到一半:"著名的'埃菲尔铁塔'是哪个……"选手就已经回答:"巴黎!"我因此发问。

"嗯?是不是他们划了范围?我们有时候考试前,老师会划一些范围和题目。"她从自己的经验猜测,"这样的话,考试时我没看完题目,就已经写上答案了。"

"划范围估计不会,"我回答道,"你觉得他们是怎么做到的?"

"如果不是事先知道,"珊珊想了一下,说道,"那肯定就是准备得非常充分,对题目非常熟悉了。"

"你觉得这种比赛的题目有什么样的特点?"我换了个话题。

"我觉得……"珊珊看来没考虑过,"题目基本上只是针对一个点,主要是考查知识面……而且一般题目很简短,答案也很简短。"

"是的，"我肯定了她的观点，"每个题目就一个知识点，但他们是怎么做到没听完题目就作答呢？"我继续问道。

"因为……只有一个点，所以他们一听到问题的关键词，就马上给出答案了。"珊珊回答道。

"你说的'关键词'其实是'条件'，"我说明道，"这里面包含了三个部分：'条件'、'问题'和'答案'。他们听完了题目中的'条件'部分，就猜出了'问题'部分，所以就把'答案'给出了。"

"我懂了，"珊珊明白了，"这是因为'条件'和'答案'是一一对应的。"

"你们平时考试的题目也是这样的吗？"我追问了一个问题。

"平时的考试……"她想了一下，"没这么简单，首先是'条件'会比较多，我们需要用上所有的'条件'才能解出答案。"

"会有'条件'用不上的时候吗？"我继续问道。

"一般不会，给出的'条件'都是有用的，"她马上答道："要是有哪个'条件'没用上，那我肯定要好好想想，八成是做错了。"

"在这种情况下，怎么才能做得快？"我继续问。

"每次拿到题目，看了题目的'条件'后，我就能猜到这道题目大致是要考哪些知识点，所以就围绕着这些知识点，重新去梳理'条件'，这样就很快做出答案了。"看来珊珊考试经验很丰富，马上把经验总结出来了。

"不错不错,总结得很好。"我表扬了一句,接着说道,"在实际生活中,也存在着这些东西,"我解释道,"我们把题目的'条件'叫做'资源',要用这些'资源'解决实际问题,具体的解决方案就是'答案'了。"

"爸爸,我明白了,"珊珊想通了,"要解决的问题就是'目标',而具体的解决方案就是'计划',对吗?"

"你说得对。"我笑着回答,接着问,"你觉得实际的问题和解题目有什么不同?"

"嗯……"她考虑了一下,说道:"我觉得最大的不同,就是'条件'和'答案'不是一一对应的。"

"是的,甚至很多时候我们都不知道它们之间的关系。"我强调道,接着问道,"'目标'和'资源'有关系吗?"

"嗯……"她一边想一边说道,"好像也没啥关系……嗯……也不能说完全没有关系。"她顿了一下,说道,"比如我们班级明年的目标,似乎主要和我们想做的事有关,但选择什么样的目标,也要考虑我们的资源。太复杂了!"

"比做题难多了吧?"我看到她绞尽脑汁的样子,笑着打趣道。

"难太多了,做题围绕着题目的问题,把'条件'用上就行了,这个怎么这么复杂。"她愁眉苦脸地说道。

"你觉得目标跟什么有关?"我启发道。

"跟好多都有关……比如,我们想明年运动会总分拿第一,再比如……"她开始列举。

"等等,"我打断她,"你刚才说的,跟什么有关?"

"嗯……"她有点莫名其妙,想了一下我的问题,"啊!跟别的班有关!"

"对啦,"我笑着说道,"目标往往和环境有关,跟竞争对手有关。"

"那和资源也有关啊?"她还是没想通。

"有啥关系?"我顺着她的话问道。

"光有目标,没资源也做不成啊!"她没有犹豫,回答道。

"做成做不成属于什么问题?"我接着追问道。

"哦!这是计划!"她顿时想通了,"能否做成是'计划'的问题。"

"你明白了就总结一下。"我说道。

"'目标'是根据外部环境的情况来确定的,但是还要考虑已有的'资源',能否通过'计划'实现目标。"她一边思考,一边总结道。

"你说得对,"我肯定道,"我们先要通过对环境和竞争对手的判断,确定目标;然后再根据经验,判断能否实现目标。通过多次这样的过程,最终找到最合适的目标。"

"可我们还是希望运动会拿第一，"她又想起了运动会的事，"可是从目前来看，确实比较困难，难道我们需要修改目标吗？"她有点不甘心。

"难道除了改目标就没别的办法了？"我笑着反问。

"哦……有办法了，"她大叫着，"提高每个人的水平就行！"

"不想改变目标，就只有改变自己啰！加油吧！"我拍拍她，说道。

管理知识

◎ 目标管理和自我控制，被公认为是德鲁克对管理实践的主要贡献。时任美国总统布什在将2002年度的"总统自由勋章"授予彼得·德鲁克时，提到他的三大贡献之一就是目标管理。企业需要的管理原则是能让个人充分发挥特长，凝聚共同的愿景和一致的努力方向，建立团队合作，调和个人目标和共同福祉的原则。目标管理和自我控制是唯一能做到这点的管理原则，能让追求共同福祉成为每位管理者的目标，以更严格、更精确和更有效的内部控制取代外部控制。管理者的工作动机不再是因为别人命令他或说服他去做某件事情，而是因为管理者的任务本身必须达到这样的目标。他不再只是听命行事，而是自己决定必须这么做。

目标管理和自我控制适用于不同层次和职能的每一位管理者，也适用于不同规模的所有企业。由于目标管理和自我控制将企业的客观需求转变为个人的目标，因此能确保经营绩效。

◎ 目标管理与传统管理的区别在于：

（1）不盲目追求利润最大化。传统管理只有一个主要目标——利润最大化。而在目标管理中，利润需求只是目标之一。利润是实现一系列目标后的间接结果。

（2）管理是由目标驱动的。传统管理通常是由问题驱动的，可能是在生产率方面，也可能是在存货和质量控制等方面。问题驱动容易"头疼医头，脚疼医脚"，而真正的问题并没有真正地得到解决。

（3）员工激励。传统员工管理依赖外部控制和监督，在这种环境下，员工机械地工作，逃避责任，没有主动性。目标管理则兼顾员工个人发展，强调自我约束。目标管理使员工的潜力得到更充分的发挥。在目标管理中，重点是关注什么是对的，而不是谁是对的。这可以避免个人主导和人际冲突。团队合作受到了鼓励，协调程度也得到了加强。

叁拾叁·与你谈谈我爸爸

引言：

自《与女儿谈管理》系列文章在我的微信公众号连载以来，我一直想听听文中的另一位主角——我的女儿赵雨霏的想法。我知道她也关注了我的公众号，也一直悄悄地关注着这些文章。但我的习惯一向是不主动对她提要求，我知道她有了想法后会与我沟通的。

有一天，她突然问我："爸爸，原来我们一直聊的东西，就是管理啊？"

"是啊，"我答道，又赶紧追问："你觉得文章怎么样？"

"嗯……我还没想好，"停了一下，她又说道："我可以也写一篇文章放在上面吗？"

"当然可以啦！"我答道。

"但是我有一个要求，"她又说道，"你不能改我的文章。"

"一言为定！一字不动，原汁原味地刊发！"我没有任何迟疑地回答。

我叫赵雨霏。对,你猜得没错,我就是文章里的珊珊!

最近我一直都在追爸爸的文章,很多事虽然曾经发生在我和爸爸身上,但有些随着时间流逝渐渐变得模糊了。如今再细细想来,更是勾起了许多回忆。

回想起来,爸爸确实与我经常聊天,虽然每次聊的时间都不是很长,但涉及的内容却很广,我的记忆中似乎什么都聊过。聊天的地点似乎也没有什么固定的,送我上学的车上、饭店里、散步中……不过似乎我一直不知道——直到看了他的连载文章才知道,他这么多年来,跟我聊的原来是"管理"!

看了连载后,我一直努力回忆,老爸和我之间的谈话是从何时开始的,目前能回想起来的最早的似乎是在我小学一年级的时候。那时科大附中还没有搬到新校址,爸爸每天到学校上班,正好顺路送我上学。从家到学校要经过好几个路口,每个路口红绿灯的等待时间都很长。有几次我起床迟了,再赶上运气不好,每个路口都碰上"拦路虎"(红灯)挡道,差点迟到了。有一次我终于开始抱怨:"爸爸,这个交通灯真的很烦,几次都害得我差点迟到!"

"那还不是因为你自己睡懒觉、起晚了,每次都把时间搞得这么紧张!"爸爸马上批评我。

"要是没有红绿灯就好了。"我小声嘀咕道。

"那可不行啊。你看,每天上学这个时间,车那么多,如果没有红绿灯,所有车子不都挤到一块啦!到时候谁碰了谁,或是谁受了伤,可能比这还慢呢。用管理的语言来说,交通灯就是规则,遵守规则的目的是提高大家的效率。"爸爸解释道。

可能是因为我当时年纪太小吧,虽然爸爸说得很浅,但他说的"规则""管理""效率",我也是似懂非懂,只是不再抱怨。当时很是疑惑爸爸为什么要和我说这些像天书一样的词汇,现在回想起来,可能从那时起,"管理思维"的种子已开始埋进了我的心中。

回忆了这么多,现在该回归本题了。随着《与女儿谈管理》系列文章的发表,越来越多的人开始关注爸爸和我。我首先不得不吐槽一下他的"光辉形象"。

在我上面讲述的第一次谈话中,他对我说的第一句话就是批评我睡懒觉。在我看来,他就是一个喜欢批评人的老爸!书上说天秤座的性格特点就是脾气温柔,但我老爸完全是个"另类"的天秤座。通过对他生日的研究,我觉得他似乎更像是处女座的:喜欢鸡蛋里挑骨头、要求太高!

记得我小时候问他数学题,如果第一遍我没听懂,他讲第二遍还是比较和蔼的,但要是我还没听懂,他肯定会批评我的。不过这还不算严重,如果是因为走神,没跟上他讲题的思路,那我一定会招来一顿臭骂。由于这个缘故,小时候我有点讨厌爸爸,不过妈妈有时候帮他解释:爸爸不喜欢浪费时间,所以特别在乎效率。

这么多年来,他的脾气一直没改,不过我倒是变了很多,每次跟他对话,都能全神贯注,也越来越能跟上他的思路。按照妈妈的评价,老爸和我偶尔辩论,以前我是"被动挨打"的局面,现在我已经能分庭抗礼、不落下风了。

不过,我一直百思不得其解的是:他这个脾气,居然还在朋友中树立了"好脾气"的形象,这一点常常令我郁闷万分!

吐槽归吐槽,老爸说的话大部分还是有道理的。有一件事让我印象深刻,有一段时间,我不太会分配每天的时间,总是想多玩少学习,但还必须得学习,学的时候惦记着玩,玩的时候又牵挂学习,结果是闹到什么都没干好的尴尬境地。于是,总觉得时间不够用,晚上睡得很迟,早上总是睡不醒,成了"恶性循环"。爸爸非常严肃地找我谈了谈。他的第一句话马上打动了我:"你想不想既把学习完成好,又能玩得开心?"于是他和我仔细分析了每天必须要干的事情和想要用来玩的时间,之后他要求我列一个时间计划,规定好时间,必须严格按时间完成各项任务。

接下来的每一天,他还要我总结分析计划与实际任务的完成情况。对于这件事我很不解,他难得有耐心地跟我说:"列了一个计划，把自己每天要做的事情都安排好，有可能在相同的时间内完成更多的事情，提高做事、学习的效率。但是，这只是第一步。"看到我没明白，他又解释："更重要的是要通过这个过程，找到自己的特点，未来能够按照自己的特点，列一份只属于你自己的计划，这样才能做到真正的高效。爸爸就是一个高效率的人，所以现在也要你做一个高效率的人。"我虽然将信将疑，不过还是一直按照爸爸的建议努力，逐渐尝到了效率高的甜头。后来爸爸告诉我，他所从事的工作就是研究管理，是一门关于怎样提高效率的学问。

看到老爸在文章中，把他写连载与跑马拉松做比较，我突然想起了2015年元旦的厦门半程马拉松。从一开始我就是被老爸"忽悠"去的，我抱着"打酱油"和"不行就坐收容车"的念头，踏上了跑道。跑了5千米，我真的觉得自己跑不下去了，很想放弃。可是老爸牢牢地牵着我的手，对我说："咱们跑1千米，走1千米，跑的时候按你的节奏，走的时候按爸爸的节奏，坚持3小时，到了时间爸爸陪你一起放弃。"爸爸走路很快，每当我走不动了，他就在前方指引我，一次次耐心地鼓励我："我们离终点很近了！"多少次我想中途放弃，但看到老爸眼中的期望，我就又咬紧牙关坚持。当老爸终于牵着我一起跑过终点，3小时的关门时间到了。我就这样"奇迹般"地完成了我人生的第一次半程马拉松。

我突然明白了,就像我之前没明白爸爸跟我谈的是"管理"一样,我起初也没明白,原来爸爸的这些文章是写给我的未来的。

于是,我也写下这一篇文字,希望放入书中,因为——我想和老爸在一起!

吐槽过多，现在回归主题了。我

最近一直都在追忆爸爸的文章，很多事虽然曾经发生在我和爸爸身上，但有些却随着时间渐渐变得模糊。如今再细细看来，更是勾起了许多回忆。

我印象中我与爸爸第一次这样用"管理"的方式交流是在我大概小学一、二年级时。那时的市中还没有搬到南区，我从家到东区要经过好几个红灯口。有时我起得晚，偏偏路上又有这么些"拦路虎"挡道，害得我好几次都差点迟到。有一次我终于开始抱怨："爸爸，这个交通灯真的很烦耶。每次我都碰上红灯走不了，好几次都快迟到了。""那不正是你自己起得晚，每次都把时间逼这么紧。"爸爸有些无奈地批评我。"是是没有红绿灯就好了。"我小声嘟哝道。"那可不行啊。你看，你每天上学时候车那么多，如果没有红绿灯，所有车子都不都挤到一起啦！到时候谁碰谁，谁又受伤了，可比这慢多了。你说在等的这几十秒，可是省下了所有人的几十分钟呢。用爸爸管理的语言来说，这就叫做效率。"可能是因为我当时年纪太小的缘故吧，爸爸说的很浅，但我也只是似懂非懂。可是"管理"是非"这种种子却埋在了我心中。

只是不再抱怨，每天最多想想爸爸为什么要和我谈管理。

随着"和女儿谈管理"这系列文章的发表，越来越多的人开始关注爸爸和我。在我的这篇文章开头，我真忍不住地吐槽一下他所谓的"光辉形象"。其实我老爸是个"暴躁"的火爆座，他其实是个脾气有些暴躁的爸爸。我记得小时候我问他数学题，我总是三天两头地挨批，每次稍有惊慌没跟上他讲题的思路或者没懂的地方总会招来他一顿臭骂，常常把我吓哭。手段后来被骂习惯了，倒渐渐不再哭了，只是爸爸发起火来的样子正是把我吓个不轻。这么多年他的脾气一直没改。可是在朋友中居然树好"好脾气"的形象，这常常还会令我忧闷万分，百思不得其解。不过后来长大些我猜测，可能是因为他处理果断，不喜欢浪费时间。

上小学的时候，有一段时间 早上总是顶着大黑眼圈

后来，还有一件事让我们都深刻。在一次期中考得不好，大概觉都睡得很晚。原因是晚上时间不够用，又想说对脑袋学习，可是总是想多做少学习，因此总是闹到什么都没有做而愁眉说她。爸爸知道后，非常严肃地找了我谈了谈。他仔仔细细问了我每天必须要干的事情和想要用来玩的时间。之后他要我必须要列一个时间计划，规定好时间。我很不解。他唯得耐心地跟我说："只有列了一个计划，把自己每天要做两事情都安排好，才可能提高做事、学习的效率。在相同的短时间内能做更多事才叫效率高。爸爸就是一个高效率的人，所以我在也要你做一个高效率的我，你才可能超过别人。"

后记

这是一篇迟来的后记。

我在《与女儿谈管理》首印前说:"所有我想说的,都已经在书里了,不需要再写后记了。"

《与女儿谈管理》一书写作伊始,我就采取了在我的微信公众号连载的方式分享给大家。正如前言中所述,这种方式让我承受了极大的压力,但是有一个好处,就是可以在第一时间了解读者的反馈。每篇连载发出后,看到读者们阅读后的各种感受和评价,既是一种欣慰,又是一种动力,这些反馈不仅激励着我,也激励着这本书的出版团队。从毫无准备的第一篇文章写出开始(2015年11月10日),到2016年3月7日第一批图书送到读者手中为止,算上中间元旦和春节假期,本书的出版只用了110多天时间,在很多出版界的朋友看来,这肯定算是一个小小的"奇迹"。该书一问世,就得到了更多朋友的欢迎,不到一个月的时间,首次印刷的5 000册书就几乎售罄,需要加印了。这期间又有很多故事,值得记录,特此增加了后记。

很多读者拿到书的第一时间,就迫不及待地阅读,又最快地给予了认可和鼓励。选录部分如下:

"没有爱就没有教育。教育从来就不是简单的事。虽说身教胜于言传,但若身教能配合言传,则必定具有更为积极的效果。赵征老师的《与女儿谈管理》系列文章,让我看到了一个兼顾父亲、朋友和老师角色的爸爸,引导而非灌输的、苏格拉底式的教育方法。对比自身,也看到了差距,即对下一代教育的耐心、关注和投入(时间上的)。让我感动的还有赵老师对我们周围每时每刻都在发生的'小事'的理解和洞察,每天早起一小时写一篇文章的坚持和执着。时间对于每个人都一样,成功从来都不会是偶然的。在互联网泛滥的今天,我们往往习惯浸淫于他人成功的光鲜,仿佛他们生就如此,却鲜能体味他们背后的辛酸。明天的太阳依旧如今天一样升起,明天的你我是否仍然跟今天一样?"

"每每与赵征教授交谈,都会被其思考问题的视角、观察事物的洞悉力所叹服……去年赵教授在微信公众号开设了《与女儿谈管理》的连载,当时,我们几个同事看了后就立感新意,内容非常具有可读性,大家强烈建议出版,让更多的人获益。今天,终于欣喜地看到这本书问世了……这本书虽然谈的是管理,但从中你可以收获到对子女的教育、人生观的培养等许多有益的启示……"

"当初,作者每周一到周五早上5点多起床,坚持写完一篇再上班,日积月累成专著,死磕的是效率;今晚,我花两小时回头去集纳这些曾经的阅读足迹,死磕的是'要善于分享'的信念!据说:人生旅途无非两种,一种只是为了到达终点,那便只剩下生与死的两点;另一种是把视线和心灵投入到沿途的风景和遭遇中,生命才有意义。显然在过去的时间里,无论于作者还是读者而言,都用一些时间和精力来参与了这样一本书的诞生,这也算是生命中非常有意义的事吧!"

"在风雨飘摇的傍晚,快递小哥送来赵征老师的新书,顿时温暖满屋!书、本、书签,每一个细节都让人欢喜!今天晚上就和孩子一起学习、感受这份期待已久的小幸福。谢谢赵老师和珊珊!"

"安徽交通广播资深评论员赵征博士的新作《与女儿谈管理》出版了,书中的文字让我在面对孩子的教育问题时有种茅塞顿开的感觉,推荐给各位,一定能给您和孩子带来帮助!"

"收到中科大赵征博士的新书《与女儿谈管理》,之前微信公众号的连载我一直追着看,今天看到成书,终于可以一看过瘾。赵博士这种寓教于乐、润物无声、深入浅出、结合生活的教育方法,把管理和亲子完美结合,读来轻松且受益匪浅,让我羡慕得也想和女儿谈新媒体了,可惜她才刚两个月大。"

"今早收到赵征博士的新作《与女儿谈管理》,这是我读过的最通俗易懂的管理书,也是我收到的第一本众筹书,祝贺赵征教授!"

……

这一切都让我感动,但也许最让所有读者、包括出版团队和我感动的,其实是女儿珊珊在书中最后一篇所表达的:

"我突然明白了,就像我之前没明白爸爸跟我谈的是'管理'一样,我起初也没明白,原来爸爸的这些文章是写给我的未来的。于是,我也写下这一篇文字,希望放入书中,因为——我想和老爸在一起!"

女儿的这篇文章,是在该书付印前应出版社的提议而写的,编辑希望珊珊也写一篇文章,谈谈这么多年来我跟她聊天的感受。珊珊写好了文章后,曾希望我先看看。我说:"就把你的真实感受写出来,我不用审阅,我希望它是原汁原味的。"我不仅没有改动她的文章,还把她的手稿拍成照片,附在文后。可能正是这样原汁原味的、出自女儿的感受,感动了所有读者。有读者给我发信息说:

"看到女儿说的话,我流泪了!其实我们真正需要的,不是孩子们的成就,而是理解了我们给予他们的爱,并将这份爱传递……"

这本书出版之后,通过读者见面会、媒体采访、参与广播节目等方式,我和更多的读者及家长进行了交流。不少家长分享了对孩子教育的理解,也分享了对于本书的理解方式,也让我有了更多的感悟。一位家长说道:

"《与女儿谈管理》一书,我已经读了5遍!每一遍的收获都不一样。第一遍我看到的是与孩子的沟通方式,学会了启发式谈话;第二遍我看到的是管理,通过阅读我了解了更多管理的概念和道理;第三遍我看到了孩子自我管理的培养,自我管理决定了孩子们学习和生活的效率;第四遍我深刻理解了教育,教育就是让孩子成为教育的主体,自己教育自己,自己发展自己;第五遍我看到的是人生的道理,其实书中的内容,不仅仅是对孩子的教育,更是对人生的理解!我要继续把这本书读下去!更要不断提升自己!"

苏联著名教育实践家和理论家苏霍姆林斯基认为:"教育者的个性、思想信念及其精神生活的财富,是一种能激发每个受教育者检点自己、反省自己和控制自己的力量。"如果说在写作本书之前,我认为陪伴女儿共同成长十余年来,我的角色是"教育者"、一直在"教育"女儿的话,那么写作的过程和这一段时间的思考,则是让我明白,其实是我和女儿在共同成长,也让我更深刻地理解了著名物理学家欧内斯特·卢瑟福的感悟:"任何事,不是依赖于个人的思想,而是要综合几千人的智慧,所有的人想一个问题,并且每人做它的部分工作,添加到正建立起来的伟大大厦之中。"

对于教育而言,我们每一位家长,都只是"部分",甚至是"部分"中的"部分"。要把教育做好,不仅需要所有的人同心协力,同时还必须是不可或缺,需要每个人的参与。因为每一个人,都需要爱和成长!

赵　征

2016年4月5日

于第二次印刷前

【优秀书评选录】

今天,读一本和女性有关的书

鲁金茗

每个成功的男人背后都有一个默默奉献的女人;每个优秀的女儿背后都有一个呵护备至的老爸。

今天一早,收到了中国科大赵征博士和其女儿珊珊共同创作的新书——《与女儿谈管理》。在万众刷屏、欢呼祝福的今天,收到这样的一份礼物尤为特别。我一直认为,优秀的女子不是"天下掉下来的林妹妹",而是自小培养的结果。珊珊虽然年纪尚小,就读中学,但她在赵征博士的引导、教育下,各方面都非常优秀,更难能可贵的是,她已经开始独立思考,形成自己的独立判断,这种独立思考、独立判断所散发出来的美丽无疑是独特的、恒久的,更是珍贵的。

赵征博士是我的老师,亦是兄长,每次交谈,他思想之深刻、思

鲁金茗,安徽桐城人,知名媒体人。参与了《与女儿谈管理》一书的众筹出版,于2016年3月8日收到此书。因此前持续关注该书,颇有所感,故见书当日即兴、即景写下此文。取此标题,一为切合父女谈话之成书,二又暗合女性节日之主题。

维之敏捷、思考之独到都让我折服。2015年11月,赵老师在其微信公众号开设连载,命名为《与女儿谈管理》,说是谈管理,其实是谈思维、谈价值观、谈人生道理。

作为一名读者,更作为一名有女儿的父亲,一开始,我是想把这一篇篇文章当做教科书式的范文来读的,企图"拿来主义",直接套用到对自己女儿的教育上。后来发现这是个"美丽的错误",因为我女儿才6岁,和赵老师的女儿相差好几岁;更为重要的是,孩子的家庭环境不同、成长环境不一样,我和赵老师的阅历、经历有差别,思维水平差距较大,生搬硬套显然不合时宜。于是,我改变思路,决定从中汲取营养为我所用:赵老师的思维视角是什么?和女儿交流方式是什么样的?他如何引导?怎样把管理知识润物细无声地融入到与孩子的交流中?

就这样,一路读下来,一路思考下来,终于有了自己的一些收获。

从书中,我读到了陪伴与成长。赵老师不是职业作家,他是中国科大管理学院的教授,传道、授业、解惑是他的本职。而与其他老师不一样,赵老师和社会接触也比较多,于他而言,工作无疑是忙碌的,可在忙碌之中,他依然留出时间陪伴女儿,一起逛超市、洗车、讨论作业、分享心得……他们总是一路同行。这与当下很多家庭的现实形成了鲜明的对比,正因如此,才更显得可贵。

陪、伴——赵老师做到了,无疑是父亲们的榜样。就在这一点一滴的陪伴中,女儿在成长,赵老师用文字记录下这不可复制的成长历程。我能想象,当他女儿长大后再次读到这些文字时,会是多么的幸福!当然,用赵老师自己的话说:在回忆这些和女儿一起的片段时,在记录下这些文字的片段时,他自己也在成长,也在收获!

从书中,我更读到了交流与引导。陪伴不是简单地待在一起,任时间肆意流逝,和孩子交流、正确引导孩子才是目的。在这些文章中,我们看到赵老师和孩子的交流无时无刻不在,在家中、在车上,从作业到管理,这些"鸡毛蒜皮"的小事被他们聊得有滋有味,而且延伸出很多做人做事的道理。对于我们这些孩子家长来说,我们每天和孩子也都会有这些小事,而我们是怎么做的呢?我们交流了吗?赵老师特别注重对女儿的引导,书中完全以对话的方式,注意设疑设问,不直接给答案,循序渐进,直至孩子自己明白道理。这种引导既启发了孩子的思考,更提升了孩子的思维。当然,我相信,对赵老师本人来说,这同样是一个思考的过程。不可否认,我们并不具备赵老师那样的水平,很难做到像他那样的引导,但是,我们是否可以从中借鉴那么一点点,再多那么一点点,有时一点点就够用了。

从书中,我也读到了教育与管理。教育自不必说,书中大多是父亲与女儿的对话,本身就是较好的家庭教育范本;而且,不是在说大道理,而是寓教于乐、寓教于小事之间,是潜移默化的教育,是共同成长的教育。管理,是因为赵老师所从事的职业的原因,他是管理学的教授、专家。他一开始写这些文章的初衷可能是希望更多的人,甚至一些企业管理人员或员工从中读到管理的理念、管理的思维、管理的方法。实际上,他做到了,企业人员也可以从书中读到这些精华,比如流程控制、激励方式、营利非营利,等等。只不过,这些和管理学教科书上的不太一样,它更接地气,更鲜活生动,更能够引起人们情感的共鸣。

  从书中,我还读到了人文精神。人文精神是一种普遍的人类自我关怀,表现为对人的尊严、价值、命运的维护、追求和关切,对人类遗留下来的各种精神文化现象的高度珍视。放弃跑步,每天早起,时刻思考,挥笔成文,这种自我的坚守是不是人文精神?关注生命,关爱生活,培养人生观价值观,这些是不是人文精神?平等交流,引发思考,共同成长,这不也是我们所追求的人文精神吗?

  世事洞明皆学问,处处留心皆学问。

  是为阅读《与女儿谈管理》的一些感受,与君共勉!